Hanne Egghardt
Skandalöse Amouren im Hause Habsburg

Hanne Egghardt

Skandalöse Amouren im Hause Habsburg

Bildquellennachweis

Alle Bilder entstammen dem Bildarchiv der Österreichischen Nationalbibliothek

S. 9: links: E 20477-B; rechts: E 20269-B; S. 15: L2201D; S. 19: L2186D;
S. 23: E 20400-B; S. 28: links: E 20442-B; rechts: E 20326-B; S. 39: 607.097-C;
S. 43: Pb 18.872, V; S. 47: Pk 511b, 7; S. 53: PORT_00050022_01; S. 57: Pf781D7;
S. 59: PORT_00039166_01; S. 65: PORT_00012901_01; S. 75: PORT_00050026_01;
S. 77: PORT_00039305_02; S. 83: 412916B; S. 87: E 20581-B; S. 91: links:
PORT_00095092_01; rechts: PORT_00048686_01; S. 93: FKB-Vues Österreich-
Ungarn, Steiermark, Brandhof 02; S. 97: Pk 400, 199; S. 99: PK 2468; S. 108:
S. 108: FKB-Vues Österreich-Ungarn, Steiermark, Strechau; S. 110: Pf 35.602:E(1);
S. 113: Kar Vues II 78718; S. 118: NB 510071-B; S. 119: PORT_00048599_01;
S. 123: PORT_00049140_01; S. 125: Pf6111B1; S. 134: Pf34967C7; S. 137: Pf34968C2;
S. 146: Pf2982C2; S. 150: Pf2736B3; S. 157: FKB-Vues Österreich-Ungarn, Salzkammer-
gut, Ort 03; S. 166: Pf2982E3; S. 169: PORT_00059515_01; S. 177: Pf2736B1;
S. 183: Pb 821539-B,I; S. 191: Pk 627, 20; S. 195: Kor 490 A; S. 198: PORT_00057631_01;
S. 201: NB 205339-B; S. 205: NB 516.771-B; S. 216: Pf 14.790:C(18); S. 218: NB 531.843-B;
S. 219: NB 531.844-B

www.kremayr-scheriau.at

ISBN 978-3-218-00860-0
Copyright © 2013 by Verlag Kremayr & Scheriau KG, Wien
Alle Rechte vorbehalten
Schutzumschlaggestaltung: Kurt Hamtil, Wien
unter Verwendung eines Fotos des Wien Museums
Typografische Gestaltung, Satz: Ekke Wolf, typic.at
Gesetzt aus der Caslon Pro und Liebelei Pro
Lektorat: Katharina J. Schneider
Druck und Bindung: CPI Moravia Books, Pohořelice

Inhaltsverzeichnis

Allerliebster Esel:
Isabella und Marie Christine

(31. Dezember 1741–27. November 1763,
13. Mai 1742–24. Juni 1798)

Es war die Mutter, Maria Theresia, die für den Sohn die Frau aus-suchte. Aus rein politischem Kalkül und entschieden gegen seinen Wil-len. Und dann kam doch alles ganz anders: Joseph betete seine junge Frau an, und der gesamte Hof lag ihr zu Füßen. Die schöne Isabella von Parma aber entbrannte für ihre Schwägerin Marie Christine. In schwärmerischer Liebe und glühender Leidenschaft. Hunderte von Briefen und Billet doux erzählen davon.

Eine Braut für Joseph

»Es ist wahr, daß es sehr süß wäre, aber noch mehr könnte ich Sie nicht lieben. Lassen Sie mich denn leben, um Sie ewig anzu-beten …« Zeilen wie diese, in aller Früh rasch und flüchtig auf einen Zettel hingeworfen und oft sogar mit orthografischen Feh-lern gespickt, wurden zur Alltäglichkeit, nachdem die schöne und geheimnisvolle Isabella von Parma in der Wiener Hofburg Ein-zug gehalten hatte. Außergewöhnlich daran war nur eines: Die glühenden Liebesschwüre galten nicht Isabellas Ehemann, dem späteren Joseph II., sondern ihrer Schwägerin Marie Christine, der Lieblingstochter von Maria Theresia.

Dass Isabella von Parma an den Wiener Hof gekommen war, hatte sie Maria Theresia zu verdanken. Die »Über-Mutter« sah in ihrer Kinderschar, die sie über alles liebte und an deren Entwicklung sie regen Anteil nahm, ein Kapital, mit dem sich wunderbar Politik machen ließ. Sie plante die Ehen der meisten ihrer Töchter nach rein dynastischen Gesichtspunkten. Dass sie viele ihrer Kinder auf diese Weise in Ehen zwang, die sie todunglücklich machten, war Nebensache. Einer der stärksten Trümpfe in der Heiratspolitik von Maria Theresia war ihr 1741 geborener Sohn Joseph. Er war noch keine zehn Jahre alt, ein mit Vorliebe »I wüll net« raunzendes Kind, als sie sich schon nach einer geeigneten Braut für ihn umsah.

Bis die Wahl auf die Infantin Isabella von Parma fiel, sollten noch einige Jahre vergehen. Dann aber nahmen die Pläne rasch konkrete Formen an. Österreich segelte zu jener Zeit auf Kollisionskurs gegen Preußen, der später als der »Siebenjährige« bezeichnete Krieg war entbrannt. In dieser Situation bemühte sich Maria Theresia darum, ein starkes Bündnis gegen Preußenkönig Friedrich II. zustande zu bringen, sie suchte nach einer engen Verbindung mit dem Haus Bourbon. Dafür schien Isabella von Parma bestens geeignet, schließlich war ihre Mutter die Lieblingstochter des französischen Königs Ludwig XV. Dass Isabella überdies in höchsten Kreisen als ganz außergewöhnliche Schönheit gerühmt wurde, war nicht ausschlaggebend, es wurde aber als zusätzliches Plus gewertet. Und tatsächlich: Fürst Joseph Wenzel Liechtenstein, den Maria Theresia in delikater Mission nach Parma entsandt hatte, wusste nur Erfreuliches zu berichten: Die Infantin habe seine Erwartungen bei weitem übertroffen, berichtete er nach Wien, Isabella strahle eine mit Anmut und Bescheidenheit gepaarte Würde aus.

Der einzige, den diese Nachrichten überhaupt nicht freuten, war Joseph. Er war mittlerweile zu einem attraktiven jungen Mann mit hoher Stirn, sanft geschwungener Nase und geistvollem Blick herangewachsen. Zu Ernsthaftigkeit erzogen und von seinen Lehrern jahrelang gedrillt und mit aufklärerischem Ge-

Joseph und Isabella: ein Traumpaar. Isabellas große Liebe galt allerdings nicht ihrem Ehemann, sondern ihrer schönen Schwägerin.

dankengut versorgt, waren ihm aufwändige Feste und Vergnügungen ein Gräuel und Leichtlebigkeit fremd. Ein Porträt Isabellas hatte er zwar bereits erhalten, er war auch beeindruckt von der Schönheit seiner gleichaltrigen Braut, dass sie bald in Wien eintreffen würde, versetzte ihn aber geradezu in Panik. »… je mehr der Moment heranrückt, desto aufgeregter bin ich«, schrieb er später an seinen Obersthofmeister Graf Salm, »nicht aus Vergnügen, sondern aus Furcht, nicht glücklich zu werden. Ich fühle mir [sic] sehr jung und kaum imstande, mich selbst zu leiten – wie soll ich eine Frau lenken? Ich habe noch niemals die Reize der Liebe erfahren, Gott weiß, wie es mir ergehen wird …«[1]

An seinen Ängsten änderte sich auch nichts, nachdem ihm sein Vater Franz Stephan von Lothringen in einem aufklärenden Gespräch vor Augen geführt hatte, was ihn in der Ehe erwartete. Im Gegenteil. Jetzt wurde er erst recht von Ängsten geschüttelt. »Ich fürchte mich mehr davor, mich zu vermählen, als ob ich in eine Schlacht zöge«, schrieb er an Graf Salm. »… besonders, seit ich die Instruktionen empfangen habe, die mich erschreckt und aufs Äußerste überrascht haben … schon der Gedanke an das, was mir bevorsteht, fällt mir schwer und erregt meinen Ekel … Wäre ich ein Privatmann, ich würde alles rückgängig machen und mich niemals entschließen zu heiraten. Aber als Opfer des Staates gebe ich mich eben hin.«[2]

Joseph war kein Privatmann. Er hatte sich zu beugen und in sein Los zu fügen. Ob er nun wollte oder nicht. Dass es Isabella in Parma möglicherweise auch nicht viel anders ergangen sein mag, kam ihm nicht in den Sinn. Und doch: Das, was sie in ihrem kurzen Leben über die Ehe und die ehelichen Pflichten erfahren hatte, war alles andere als dazu angetan, ihr die Zukunft in rosigem Licht erscheinen zu lassen.

Isabellas Kindheit in Parma

Isabellas Mutter Louise Elisabeth von Frankreich, die älteste Tochter von König Ludwig XV., war bereits im Alter von zwölf Jahren mit dem spanischen Infanten Philipp, dem späteren Herzog von Bourbon-Parma, verheiratet worden. Aus rein dynastischen Gründen. Sie kam praktisch noch als Kind an den spanischen Hof, an dem überdies auch noch das strenge spanische Hofzeremoniell praktiziert wurde, und fühlte sich dort nie wohl – wie denn auch.

Louise Elisabeth sah sich als Marionette, die sich den Befehlen des Königs zu unterwerfen hatte. Zu ihrem Ehemann Philipp, der sich bald lieber bei Soldaten aufhielt als bei seiner vermutlich auf Grund eines ererbten Drüsenleidens rasch fettleibig gewordenen Gemahlin, entwickelte sie keine Gefühle. Später gestand sie sogar einmal, sie erstarre jedes Mal zu Eis, wenn sie in seinen

Armen liege. Dass sie lieber mit Puppen spielte, als mit ihrem Gemahl das Ehebett zu teilen, war unübersehbar. Der spanische Hof nahm darauf aber keine Rücksicht. Louise hatte ihre Pflichten zu erfüllen, und die bestanden in erster Linie darin, für Nachwuchs zu sorgen. Tatsächlich brachte sie am 31. Dezember 1741 im Palast Buen Retiro in Madrid ihr erstes Kind zur Welt, Isabella. Zu diesem Zeitpunkt war sie erst 14 Jahre alt.

Selbst noch ein Kind, entwickelte Louise Elisabeth zu ihrer kleinen Tochter ein besonders inniges Verhältnis. Isabella wurde in den ersten sieben Jahren ihres Lebens, die sie am spanischen Hof verbrachte, allerdings auch immer wieder damit konfrontiert, dass sich ihre Eltern so gut wie überhaupt nicht verstanden und für ihre Mutter die Erfüllung ihrer ehelichen Pflichten eine lästige, ja nahezu unerträgliche Last bedeutete. Daran änderte sich auch nichts, als Philipp zum Herzog von Parma ernannt wurde und die Familie in sein neues Herrschaftsgebiet übersiedelte.

Die zwischen ihren Eltern herrschende Kälte und Abneigung mögen Isabella geprägt haben. Sie führte aber auch dazu, dass sich zwischen Mutter und Tochter, die zehn Jahre lang ein Einzelkind blieb, ein besonders enges Naheverhältnis entwickelte. Umso verwunderlicher ist es, dass Louise Elisabeth bereits im Jahre 1750, also zu einem Zeitpunkt, zu dem Isabella erst neun Jahre alt war, Überlegungen über eine Verbindung ihrer Tochter mit dem Sohn Maria Theresias anstellte.

Am Hof von Parma genoss Isabella eine umfassende Bildung. Sie war sehr musikalisch, erhielt Violin-Unterricht und brachte es auf diesem Instrument schon früh zu einer Perfektion. Wissbegierig und vielfach interessiert las sie die Schriften italienischer und französischer Philosophen, zeigte Verständnis für Mathematik und militärische Dinge, zeichnete und malte und begann bald auch selbst zu schreiben. Schon in früher Jugend zeigte sich bei der zu einer großen Schönheit heranwachsenden Isabella aber auch ein Hang zu Schwermut und Melancholie. Immer wieder äußerte sie den Wunsch, ins Kloster zu gehen.

Die Politik aber hatte andere Pläne mit Isabella. Im August 1759 wandten sich Maria Theresia und Franz Stephan von Lothringen in aller Form mit der Bitte an König Ludwig XV., er möge beim Herzogpaar von Parma um die Hand seiner Enkelin für ihren ältesten Sohn werben. Ihr Ansuchen war von Erfolg gekrönt. Bald liefen an den Höfen in Versailles, Parma und Wien die Vorbereitungen zu der »Jahrhundertverbindung« eines Habsburgers mit einer Bourbonin an. Die Stimmung war umso euphorischer, als es gerade zu jener Zeit Maria Theresias Feldherrn Gideon Ernst Laudon gelungen war, mit den vereinten österreichischen und russischen Kräften Siege über die Preußen zu erringen. Es wurde noch eifrig an den Details für die Hochzeit gefeilt, die Louise Elisabeth als ihr Lebenswerk betrachtete, da erkrankte diese plötzlich im Dezember 1759 an den Blattern und starb innerhalb weniger Tage.

Hochzeitsvorbereitungen und die Reise nach Wien

Für Isabella änderte der Tod der geliebten Mutter nichts an den Hochzeitsplänen. Knapp vor ihrem 18. Geburtstag plötzlich völlig auf sich allein gestellt, sah sie sich mit der Tatsache konfrontiert, dass sich ihr Leben in wenigen Monaten von Grund auf verändern würde. Und doch: Fast scheint es, als habe sie sich bald an den Gedanken gewöhnt, nach Wien zu gehen. Sie begann jedenfalls, intensiv Deutsch zu studieren. Und sie begann, an »Madame, meine liebe Schwester«, ihre zukünftige Schwägerin Marie Christine, Briefe zu schreiben. Die beiden Prinzessinnen waren sich nie zuvor begegnet, schon diese ersten Briefe waren aber ausgesprochen herzlich und innig. In fünf Wochen werde sie das Glück haben, sie zu sehen, schrieb Isabella Ende August des folgenden Jahres nach Wien. Sie könne nicht beschreiben, mit welchem Vergnügen sie diesen Moment erwarte.

Anfang September 1760 nahmen die Formalitäten für die Eheschließung ihren Lauf. Nach der unter größtem Pomp erfolgten offiziellen Brautwerbung in Parma ging am 5. September in der Kathedrale von Padua die Trauung per procurationem über die Bühne, bei der Fürst Liechtenstein den Bräutigam vertrat. Isabella ertrug die Feierlichkeiten und Zeremonien mit Geduld. Zwischendurch aber fand sie Zeit, ihre Gedanken und ihren Kummer zu Papier zu bringen. Das Schicksal einer großen Fürstentochter sei das unglücklichste, formulierte sie. Und beklagte sinngemäß, sie werde zu nichts anderem geboren, als dem Plunder von Ehre und Etikette ausgesetzt zu sein. Sie habe keine Hilfe, nicht einmal von der Familie, niemanden, mit dem sie reden könne.

In Wien sah Joseph indes der Ankunft seiner Braut mit größter Bangigkeit entgegen. Es sei gegen seine Natur, den Angenehmen und den Liebhaber zu spielen, schrieb er noch an Salm. Er habe die Reize der Liebe, die ihm vielleicht den Kopf verdrehen würden, noch nie empfunden. Einige Tage später schien sich seine Stimmung zu wandeln. Er habe die Mitteilung mit großer Freude gehört, dass Isabella die Aufrichtigkeit liebe und einen Gemahl haben wolle, der zugleich auch ihr Freund sei, schrieb er an Salm. Sein Herz, bisher steinern und unempfindlich gegenüber den Reizen der Liebe, ließe sich in ihre Netze ziehen. Ein Grund, sich zu schönen Worten und Zärtlichkeiten hinreißen zu lassen, war das aber noch lange nicht. »Bitte … sagen Sie ihr etwas Hübsches und Galantes, denn ich bin zu schlicht in meiner Art, um mir solche Dinge auszudenken«, bat er seinen Vertrauten.

Wenige Tage nach der von zahlreichen Feierlichkeiten und Empfängen begleiteten Hochzeit in Padua brach der Brautzug Isabellas von Parma aus auf. Es war ein gigantischer Zug, der sich

Richtung Norden in Bewegung setzte: Isabella reiste in einer von acht Apfelschimmeln gezogenen Kutsche, sie wurde von ihrer Leibgarde und den Wagen zahlreicher Kavaliere und Hofdamen begleitet, mit im Zug war ein Heer von Hartschierern, einer Art Leibgardisten, Edelknaben, Stallmeistern, Reitknechten, Kammerdienerinnen und Lakaien. In Casalmaggiore fand am 13. September die offizielle »Übergabe« der Prinzessin statt. Nach der feierlichen Zeremonie verlas Fürst Auersperg, der Botschafter des Kaiserpaares in Wien, in einer persönlichen Audienz Briefe der Majestäten. Maria Theresia hatte besonders liebevolle Worte gefunden. Sie freue sich, Isabella den süßen Namen Tochter geben zu können, hatte sie geschrieben, sie werde ihr eine gute Mutter sein, ihr ganzes Leben lang. Joseph war nichts Vergleichbares eingefallen.

Während Joseph weiterhin Graf Salm sein Herz ausschüttete und ihm immer von seinen Ängsten, nicht glücklich zu werden, berichtete, kam der Brautzug nur langsam voran. Wo immer er Station machte, standen Feierlichkeiten, Audienzen, Festmahle und kirchliche Hochämter auf dem Programm. Sobald Isabella ein paar Minuten Ruhe fand, richtete sie herzliche und innige Zeilen an Marie Christine. Sie schrieb von der Reise, von den Festlichkeiten, die ihr zu Ehren veranstaltet wurden, von Theateraufführungen, die sie besuchte, und vom Wetter. Wie sehr sie sich ihrer zukünftigen Schwägerin, die ihr zwar auch geschrieben hat, deren Briefe aber nicht erhalten sind, schon damals verbunden fühlte, lässt der Brief vermuten, den sie am 24. September in Klagenfurt verfasste. Ihn schloss sie mit den Worten »Adieu, meine liebe Schwester, ich lege mich jetzt hin und ende wie stets nicht ohne Sie fest zu umarmen. Ich liebe Sie und bin in Wahrheit Ihre getreue Schwester Isabella Marie Louise.«[3]

So ein prachtvolles Ereignis hatte Wien nie zuvor erlebt: Isabellas Einzug in die Residenzstadt begleiteten 94 aufwändig geschmückte Prunkkarossen, festgehalten in dem berühmten Gemälde von Martin van Meytens.

Das letzte Barockfest der Geschichte

Am 2. Oktober endlich langte der Brautzug in Laxenburg ein. Jetzt stand sich das Brautpaar zum ersten Mal gegenüber. Joseph fiel aus allen Wolken. Er hatte zwar Porträts seiner Braut erhalten, und ihre Schönheit war ihm immer wieder geschildert worden, wirklich vorstellen konnte er sie sich aber nicht. Und jetzt stand eine richtige Märchenprinzessin vor ihm. Klein, zierlich, mit großen Augen im ovalen Gesicht, einer hohen, reinen Stirn, dunklem Haar und einem kleinen, wohlgeformten Mund. Er war auf Anhieb hingerissen.

Richtig märchenhaft liefen auch die folgenden Tage ab. Ungeachtet der Tatsache, dass der Krieg noch immer in vollem Gang war, hatte Kaiser Franz I. von Lothringen tief in seine Privat-schatulle gegriffen. Ganz im überschwänglichen Stil des Barock hatte er ein Hochzeitsfest ausgerichtet, das an Pomp und Prunk nicht zu überbieten war, es war wahrscheinlich das größte Fest, das Wien je erlebt hatte, und wahrscheinlich das letzte Barock-fest der Geschichte.

Für ein paar Stunden waren Krieg und Elend vergessen, ganz Wien war auf den Beinen, um den Einzug der Prinzessin vom Belvedere aus mitzuerleben, wo sie die letzte Nacht verbracht hatte. In den Straßen standen die Menschen in doppeltem Spa-lier, als den Zug zwei kaiserliche Einspänner eröffneten, gefolgt von Trompetern und Paukern. Als nächstes kamen die 94 Gala-Equipagen der Landstände, Kammerherren und geheimen Räte, alles aufwändig geschmückte, mit sechs Pferden bespannte Prunkkarossen, eskortiert von Reitern und Lakaien in Parade-uniformen. Eine der ersten Prunkkarossen war die von Fürst Joseph Wenzel von Liechtenstein, der Joseph bei der Trauung per procurationem in Padua vertreten hatte. Neben dem Galawagen schritten die Pagen, Hausoffiziere und Lakaien des Fürsten, alle ebenfalls in nagelneuen Paradeuniformen. Die größte Aufmerk-samkeit erregte einmal mehr der »Hausmohr« des Fürsten, der in seinen bunten Gewändern stolz einherschreitende Angelo Soliman. Isabella saß mit ihrer Obersthofmeisterin Gräfin Anto-nia Erdödy in einem Prunkwagen des Fürsten Liechtenstein. Er war mangels eines geeigneten Wagens im kaiserlichen Fuhrpark zum Brautwagen umfunktioniert worden, außen in himmel-blau-silberner Bemalung und innen ausgeschlagen mit himmel-blauem, silberbesticktem Samt. Begleitet wurde der Wagen von der Schweizer Garde in Parade-Kleidern und klingendem Spiel.

Der Zug führte durch das Kärntnertor in die innere Stadt. Durch dichte Spaliere von Bürgern mit Fahnen und Feldmusik ging es zum Stock-im-Eisen-Platz, an dem ein riesiger, aufwän-digst gestalteter Triumphbogen errichtet worden war, und dann über Graben und Kohlmarkt zum Michaelerplatz, wo der zweite ebenso prachtvolle Triumphbogen stand. Das in Prachtgewänder aus Silberstoff gekleidete Traumpaar wurde in der festlich mit niederländischen Tapisserien dekorierten und mit hunderten Kerzen erleuchteten Augustinerkirche getraut. Abends erstrahlten die Hofburg und die Straßen um den Stephansdom in einer Illumination, wie sie Wien noch nie erlebt hatte. 3000 Lampions tauchten die Stadt in ein zauberhaftes Licht. Allein im Inneren Burghof brannten zwei Reihen von 3000 Wachskerzen und dazu unzählige Fackeln. Die ganze Nacht donnerten von der Bastion Kanonenschüsse und im Schein Tausender Lampions tanzten und sangen die Menschen in den Straßen. Für die künstlerische Umrahmung der Feierlichkeiten waren unter anderen Johann Adolf Hasse und Christoph Willibald Gluck mit neuen Kompositionen beauftragt worden. Die Opern- und Musikaufführungen und sonstigen Festlichkeiten bei Hof dauerten noch Wochen an.

Das Wienerische Diarium widmete dem großen Ereignis eine Sonderbeilage: »Es war nicht nur die K.K. Burg mit weissen Waxs-fackeln, sondern auch die 2 Triumpf-pforten mit vielen tausend Lampen diese und 2 folgende Nächte hindurch beleuchtet. Es kann mit keiner Feder genugsam ausgedruckt werden, mit was Pracht und Herrlichkeit dieser feyerliche und höchst vergnügte Tag begangen worden, da selbst die angenehmste Witterung hierzu mit eingestimmet … Die Wägen, Pferdegeschirr, und Livree waren von dem auserläsensten Geschmack, und mit unglaublicher Kostbarkeit vereiniget … All diese Vortrefflichkeiten übertraf aber bey weiten der rührend-lieblichste Anblick, und das so ausnehmend gnädigst leutselige Bezeigen der Durchl. Prinzessin Braut gegen jedermänniglich … welche aller Herzen an sich zog.«[4]

Eine glückliche Ehe?

Die so pompös und prachtvoll begonnene Ehe zwischen Joseph und Isabella entwickelte sich bald höchst merkwürdig. Der junge Thronfolger betete seine aparte und geistreiche Frau regelrecht an. Er bewunderte und verehrte sie und erlebte mit ihr stimmungsvolle, romantische Abende. Er sah in ihr auch seine engste Vertraute und Freundin, lebte in der Gewissheit, mit ihr eine Zeit inniger Zweisamkeit und schönster Harmonie zu verbringen, und entdeckte immer neue Vorzüge an ihr. Was in der komplizierten Gefühlswelt seiner schönen Frau vorging, die wie viel, viel später auch die unglückliche Sisi die Zwänge des Zeremoniells und des Hoflebens zutiefst verabscheute, blieb ihm verborgen. Er fragte auch nicht nach. Schließlich hatte er immer nur gelernt, sich mit sich selbst zu beschäftigen.

Als bereits sieben Monate vergangen waren und keine Anzeichen auf baldigen Nachwuchs des Paares hinwiesen, unternahmen Joseph und Isabella Ende Mai 1761 eine Wallfahrt nach Mariazell. Man reiste in bescheidenem Rahmen und betete wie 25 Jahre zuvor Maria Theresia und Franz Stephan andächtig vor dem Gnadenaltar der Magna Mater Austriae. Die Mühen der Pilgerfahrt lohnten sich. Im Frühherbst 1861 durfte sich der Wiener Hof, der sich natürlich nichts sehnlicher wünschte als einen männlichen Thronfolger, darüber freuen, dass Isabella guter Hoffnung war. Die werdende Mutter selbst erlebte in den folgenden Monaten schwere Zeiten. Sie litt unter Stimmungsschwankungen und Unpässlichkeiten, war oft nahezu unansprechbar und geriet aus dem seelischen Gleichgewicht.

Als am 19. März 1762 die Wehen einsetzten, versammelte sich der gesamte Hochadel in der Hofburg, das schrieb das Hofzeremoniell vor. Gerard van Swieten, der aus Leyden stammende Leibarzt Maria Theresias, hatte allerdings mit der bisher praktizierten Gewohnheit aufgeräumt, dass sich Scharen von Menschen im

Familien-Idylle, dargestellt in einem Aquarell Marie Christines: Neben der Wöchnerin Isabella Joseph im Morgenrock, im Vordergrund das Neugeborene mit seiner Amme und dahinter Marie Christine selbst. Ob jemand ahnte, wie brüchig diese Idylle war?

Zimmer der Gebärenden drängten. Die Herren hatten sich in die Ratsstube zu verfügen und die Damen in das Spiegelzimmer. Bei Isabella hielten sich außer dem über alle Maßen nervösen Joseph nur van Swieten selbst auf und die Hebamme. Das änderte nichts an der Tatsache, dass die Geburt überaus dramatisch verlief. Die heftigen Wehen hielten den ganzen Tag und die ganze Nacht an. Schließlich erreichten sie ein derart qualvolles und bedrohliches Ausmaß, dass die kaiserliche Familie in mehreren Kirchen Wiens das Allerheiligste aussetzen und um eine glückliche Entbindung beten ließ. Das Kaiserpaar selbst lag in der Hofkapelle auf den Knien und betete Rosenkranz um Rosenkranz. Die Gebete wurden erhört. Isabella schenkte am 20. März 1762 gegen sieben Uhr abends einem gesunden Mädchen das Leben. Es wurde nach seiner Großmutter Maria Theresia genannt. Das Glück der jungen Familie war perfekt.

Genau diese Familienidylle drückt ein Bild aus, das Marie Christine, die begabte Zeichnerin, wenige Tage nach der Niederkunft anfertigte. Es zeigt die Wöchnerin Isabella, ruhend in ihrem Bett, neben ihr, den Kopf liebevoll seiner Gattin zugeneigt, Joseph im Morgenrock, in der Mitte die Amme mit dem Säugling und hinter ihr Marie Christine selbst. So sehr das Bild Zuneigung und Harmonie ausstrahlt, so wenig entsprach es der Realität.

Tatsache war, dass Joseph seine Isabella abgöttisch liebte. Tatsache war aber auch, dass er bei seiner angebeteten »Tia-Tia« kaum Gegenliebe fand. Isabella empfand für ihn Gleichgültigkeit, sie fand sich von seinen unbeholfenen Liebesbezeugungen möglicherweise sogar abgestoßen. Anmerken ließ sie sich das aber nie. Und mehr noch, es gelang ihr das Kunststück, Joseph das Gefühl zu geben, dass er von ihr geliebt werde und sie das Zusammensein mit ihm als reinstes Glück empfinde. Dass Isabella in ihrer Rolle als Ehefrau des Thronfolgers zutiefst unglücklich war, steht dennoch außer Zweifel. Verliebt war sie aber trotzdem. Allerdings nicht in ihren Gemahl, sondern in dessen Schwester, in Marie Christine.

Bezaubernde Mimi

Die leidenschaftliche Beziehung zwischen den beiden Frauen ließ sich nicht lange geheim halten. Isabella und die »Mimi« genannte Marie Christine waren ständig von einer Vielzahl von Hofdamen, Lakaien und Bediensteten umgeben. Und diese beobachteten sie immer und überall, sie registrierten jeden noch so verstohlenen Händedruck und jeden liebevollen Blick. Klatsch und Tratsch blühten bald. Hinter Josephs Rücken wurde bald getuschelt, Isabella schenke Mimi mehr Aufmerksamkeit als ihrem Gemahl. So kam es, dass Joseph bald der einzige am Wiener Hof war, der nicht wusste, dass seine Frau lesbisch war.

Isabella brachte – auch das eine Parallele zu Sisi – zu Papier, was sie empfand. Wie diese schrieb sie unaufhörlich. Gedichte und Briefe, philosophische Betrachtungen und Essays. Dabei machte sie auch ihrer Abneigung gegen das männliche Geschlecht Luft. Männer seien die unnützesten Geschöpfe der Welt, schrieb sie in ihrem Aufsatz »Traité sur les hommes«. Darin nannte sie den Mann ein »unnützes Tier«, er sei nur auf der Welt, um Böses zu tun, und bestehe hauptsächlich aus Eitelkeit und Egozentrik. Obwohl mit Vernunft ausgestattet, benehme er sich unvernünftiger als die unvernünftigen Tiere. Das Bewusstsein seiner Minderwertigkeit veranlasse ihn, Frauen zu knechten, und diese müssten ihm bei seinen Torheiten Gesellschaft leisten. Frauen könnten ohne Männer leben, aber kein Mann ohne eine Frau. Außer zu »einer Sache« seien die Männer im Grunde zu gar nichts gut … und so weiter und so weiter. Der Aufsatz geriet zu einer regelrechten Abrechnung mit dem »starken Geschlecht«, er lässt Isabella geradezu als »Männerhasserin« erscheinen.

Auch Marie Christine hatte am Wiener Hof eine ganz besondere Stellung. Am Geburtstag ihrer Mutter geboren, war sie von Anfang an der erklärte Liebling von Maria Theresia. Sie wuchs zu einem ausnehmend hübschen und klugen Kind heran und fiel schon als Fünfjährige positiv auf. Christoph Graf Podewils, der preußische Gesandte am Wiener Hof, beschrieb sie im März 1747: »Die Erzherzogin Marie Christine ist von sehr hübscher Gestalt und zeigt viel Geist. Sie spricht ebenso gern französisch, wie ihr Bruder es haßt, und sie will nicht, daß man mit ihr in einer anderen Sprache spricht.«[5]

Maria Theresia war in diese Tochter regelrecht vernarrt. Sie nannte sie liebevoll Mimi oder Mimerl, las ihr jeden Wunsch von den Augen ab und hätte sie am liebsten den ganzen Tag in ihrer Nähe gehabt. Sie schickte ihr innerhalb der Hofburg liebevolle Botschaften, »Wischerl«, und gab ihr ganz offensichtlich den Vorzug vor allen anderen ihrer Kinder. Auch Franz I. von Lothringen erlag dem Charme des wissbegierigen, vielseitig interessierten Kindes, das nicht nur gut lernte, sondern auch bald ein ausgeprägtes Talent zum Zeichnen und Malen zeigte. Er liebte die kleine »Madame Marie«, wie er sie nannte, zärtlich und zeigte das auch.

Den anderen Geschwistern entging die offensichtliche Bevorzugung Mimis keineswegs. Sie reagierten mit blanker Eifersucht. Und nicht nur das: Sie schlossen sie oft demonstrativ aus, weihten sie nicht in ihre Geheimnisse ein und ließen sie auch nicht an ihren Spielen teilhaben. So wurde Mimi in ihren Kindertagen innerhalb der kaiserlichen Familie zu einer kleinen Außenseiterin. Es sollte später noch schlimmer kommen. Als Maria Theresia Mimi als einziger ihrer Töchter gestattete, den Mann ihres Herzens zu heiraten, statt sie aus dynastischen Überlegungen an irgendeinen entlegenen Königshof zu »verschaukeln«, schlug die Eifersucht in bitteren Hass um. Der eifersüchtige Bruder Leopold formulierte später, als er längst Großherzog der Toskana war, wie es Marie Christine geschafft hatte, das Schoßkind ihrer Mutter zu werden. Sie sei talentiert und wisse Maria Theresia bei ihren Schwächen zu nehmen, notierte er. »Immer bedauert sie sie, gibt ihr Recht, ist immer bei ihr zu allen Stunden und zu allen Zeiten, immer schreibt sie ihr, und auf diese Weise hat sie sie völlig gewonnen und macht mir ihr, was sie will.«[6]

Im Januar 1760 waren in Wien zwei sächsische Prinzen eingetroffen, der 22-jährige Prinz Albert und sein um ein Jahr jüngerer Bruder Clemens. In Albert hatte sich Mimi verliebt und sie hatte es ihrer Mutter gestanden. Maria Theresia war Albert von Sachsen sympathisch, das erwies sich als Vorteil. Mehr als fraglich war allerdings, ob ihr Gemahl Franz einer Heirat mit dem mittellosen

Maria Theresia und ihre über alles geliebte »Mimi«. Am liebsten hätte die Monarchin ihre Tochter, die sie bewunderte und deren Zeichentalent sie zu schätzen wusste, Tag und Nacht um sich gehabt. Aquarell auf Elfenbein.

Sohn eines zwar angesehenen, aber doch zweitrangigen Herrscherhauses zustimmen würde. Sie sagte ihrer Lieblingstochter jedoch zu, sie unterstützen zu wollen – und hatte dabei den Hintergedanken, dass sie so ihren Liebling noch lange in ihrer Nähe behalten könne.

»*Amitié amoureuse*«

Das Leben am Wiener Hof war zu jener Zeit ausgesprochen kurzweilig und lustig. Solange Kaiser Franz I. von Lothringen lebte, standen außer den zahlreichen kirchlichen Festen, die vom Kaiserhaus im Laufe des Jahres mit größtem Pomp und Aufwand begangen wurden, auch Familienfeiern und Vergnügungen auf dem Programm. Die Namens- und Geburtstage sämtlicher Familienmitglieder wurden intensiv gefeiert, dazu gab es oft Theateraufführungen und Konzerte. In der Hofburg wurde fröhlich gesungen, getanzt und gespielt, daran hatte auch die lebenslustige Maria Theresia ihre Freude.

Isabellas Einzug verstärkte die Hochstimmung noch. Die junge Schönheit eroberte die Herzen im Sturm, bald drehte sich alles um sie. Joseph lag ihr zu Füßen, der Kaiser war bezaubert von ihrem hinreißenden Violinspiel, Karl, der zu diesem Zeitpunkt im 16. Lebensjahr stehende Lieblingssohn Maria Theresias, schwärmte heftig für seine schöne Schwägerin und wünschte sich nichts sehnlicher als eine ähnliche »Märchenprinzessin« zur Braut, und die anderen bewunderten ihre Intelligenz und ihre aparte Schönheit. Dass Isabella zu Schwermut und Melancholie neigte, ja dass sie bereits zu diesem Zeitpunkt erste Anzeichen von Todessehnsucht zeigte, fiel niemandem auf. Nicht einmal, als sie ihrem neugeborenen Kind prophezeite: »Sie wird keine sieben Jahre alt.«

Zu Marie Christine hatte sich Isabella schon lange hingezogen gefühlt, bevor sie ihr persönlich gegenüberstand. Schon ihre ersten, noch vor und während der Brautfahrt geschriebenen Briefe, lassen Sympathie erkennen. Mit Mimi verband Isabella ein intensives Interesse an Musik und Kunst. Aber nicht nur das: Isabella notierte später in ihrer autobiographischen Skizze, sie habe sich an Marie Christine in dem Augenblick angeschlossen, als sie sie sah.

Zwischen den beiden jungen Frauen entspann sich eine enge Bindung, eine Freundschaft, oder noch mehr, eine »Amitié amoureuse«. Beziehungen dieser Art waren in jener Zeit nichts Ungewöhnliches. An den europäischen Höfen waren schwärmerische, romantische Freundschaften zwischen Frauen durchaus üblich. Man wechselte jeden Morgen Briefe, las sich Gedichte vor und amüsierte sich über den neuesten Hofklatsch. In Zeiten, da solche Ehen nur in seltenen Ausnahmefällen aus echter Zuneigung geschlossen wurden und die meisten Paare aus Gründen der Staatsräson zusammenkamen, ohne gemeinsame Interessen zu haben oder etwas füreinander zu empfinden, waren solche Freundschaften oft die einzige Art, wie Frauen ihre Gefühle ausleben, und vielleicht auch, wie sie Zärtlichkeit und Verständnis erleben konnten.

Wie weit die »Amitié amoureuse« zwischen Isabella und Marie Christine ging, lassen die Briefe, Zetteln, Notizen und Billet doux erahnen, die bald nach Isabellas Eintreffen in Wien zwischen den beiden Schwägerinnen nur so hin- und herflogen. 200 dieser meist in französischer, gelegentlich aber auch in deutscher Sprache verfassten und oft sogar flüchtig während eines Gottesdienstes oder einer Andacht hingeworfenen Schreiben von Isabella sind erhalten und lassen kaum Zweifel an einem engen, zutiefst erotischen Verhältnis aufkommen. Marie Christine hingegen hat die von ihr geschriebenen Briefe nach dem Tod Isabellas vermutlich vernichtet. Der Nachwelt ist lediglich eine von ihr selbst verfasste Charakteristik Isabellas erhalten: »Sie hat das gewinnendste Äußere, reizvolle Augen und Haare, einen hübschen Mund, eine ungemein harmonisch geformte Büste. Nur ihre Hautfarbe ist etwas zu braun und die Hände sind weniger gut gebildet als die übrige Gestalt. Der Ausdruck ihres Gesichtes ist sprechend, kapriziös, geistreich und ihr Grundzug als Gattin ist unermeßliche Güte«.[7]

Obwohl sie ihre eigenen Briefe vernichtete, bewahrte Mimi jene ihrer Seelenfreundin ihr Leben lang auf. Nach dem Tod

Marie Christines verwahrte ihr Gatte Albert von Sachsen-Teschen diese in seinem Palais auf der Augustinerbastei, der heutigen Albertina. Als das Albertina-Archiv 1918 nach Ungarisch Altenburg verbracht wurde, waren auch Isabellas Briefe dabei. Das einst von Herzog Albert in Papier eingeschlagene und verschnürte Paket landete schließlich im Ungarischen Nationalarchiv in Budapest.

Im Laufe der Zeit wurden über die Beziehung zwischen Isabella und Marie Christine die unterschiedlichsten und zum Teil auch aberwitzigsten Spekulationen und Mutmaßungen angestellt, und Isabellas Briefe immer wieder neu interpretiert. Der Historiker Helmut Neuhold fasst zusammen: »Generationen von Habsburger-Biographen waren seither bemüht, dieses ›Ärgernis‹ zu beschönigen, umzudeuten, zu verniedlichen. Dabei kann der Inhalt der Briefe, die sich die beiden jungen Frauen schrieben, eigentlich nur in einem Sinn erklärt werden: hier handelte es sich um eine eindeutige lesbische Liebesbeziehung.«[8]

Schon allein die Anreden, die Isabella in ihren Briefen an Mimi wählte, verraten außer Phantasie und Raffinesse, dass die Schreiberin, wie sie selbst sagte, »à la rage«, »wie ein Narr«, verliebt war. Sie reichen von »Liebe Schwester« über »Liebes Herz«, »Mein Trost« oder »Mein Engel« bis zu »Anbetungswürdige Schwester« oder »Anbetungswürdigste aller Kreaturen«. Später folgten dann Neckereien wie »Allerliebster Esel«, »O du Eserl«, »Liebe Alte« oder »Geliebter Badwaschl« – dieses Wort hatte sie besonders erheitert. Bei allem Einfallsreichtum ist eines erstaunlich: Ihren Gemahl nannte Isabella immer nur den Erzherzog, ihn erwähnte sie nicht einmal mit seinem Namen.

Isabella und Marie Christine sahen einander oft. Sie bewohnten in der Hofburg nahegelegene Appartements, das erleichterte gegenseitige Besuche. Gelegenheit, allein und ungestört zu sein, hatten sie dennoch selten, sie waren stets von den Damen ihres Hofstaates umgeben. Wenn Joseph anwesend war, hatte Isabella überdies damit zu rechnen, dass sie sich ihm zur Verfügung halten musste. Umso wichtiger war es für sie, seine Pläne zu erfahren. Wenn zum Beispiel ein Jagdausflug mit dem Kaiser auf dem Programm stand, so war das eine wunderbare Gelegenheit für ein Rendezvous. Dann verabredeten sich Isabella und Mimi an geheimen Orten wie im Park von Schönbrunn. Und dann ergaben sich Augenblicke, in denen sie leidenschaftliche Zärtlichkeiten austauschen konnten. Joseph jedoch änderte seine Pläne gelegentlich, sodass rasch umdisponiert werden musste. In solchen Fällen war Isabella gezwungen, ihre geliebte Freundin rasch zu benachrichtigen, manchmal sogar, während sie in der Kirche war und eigentlich Andacht halten sollte. Der Erzherzog reite nicht aus, schrieb sie ihrer Freundin zum Beispiel in aller Eile mitten in einem Miserere, und fügte traurig an, man könne nicht in allen Punkten glücklich sein.

Eine Beziehung in Briefen

Ursula Tamussino veröffentlichte in ihrer Biographie über Isabella zahlreiche Briefe der verliebten Prinzessin: »Guten Morgen, liebe Schwester. Da ich kaum die Augen offen habe, so kann ich nicht gut auf Ihre Fragen antworten. Ich werde Ihnen aber doch sagen, daß es mir gut geht, daß ich gut geschlafen habe, daß ich Sie rasend liebe und daß ich hoffe, Sie gut zu küssen, auch daß ich entzückt sein werde, Sie zu sehen, Sie zu küssen und von Ihnen geküßt zu werden. Der Kaiser wollte auf die Jagd gehen, ich weiß nicht, ob er geht. Der Erzherzog wird auch gehen, Sie werden bei mir speisen, in diesem Fall wird an diesem Abend kein Cercle und kein Spiel sein … Ich kann vermelden, daß ich voll Ungeduld bin, an Ihrem Busen zu sterben … Adieu, ich küsse Sie und bete Sie an bis zu einem Grade, den ich nicht sagen kann, und der mich zu Ihren Füßen erbeben läßt …«[9]

Miniaturaquarelle der bildhübschen Marie Christine (rechts) und der aparten Schönheit Isabella: Die beiden jungen Frauen fühlten sich schon eng verbunden, noch bevor sie einander persönlich kennenlernten.

So innig und überschäumend viele der Briefe gehalten sind, so erstaunlich sind die Alltäglichkeiten, die Isabella ihrer geliebten Schwägerin mitteilte. Meist ging es darum, wie sie geschlafen und den Morgen verbracht hatte, an welchen Unpässlichkeiten sie litt – sie versäumte nicht, über ihre Hämorrhoiden zu klagen – oder wie ihre Stimmungslage war. Das wienerische Wort »grantig« hatte es ihr besonders angetan, sie baute es raffiniert in ihre französischen Briefe ein, verkündete »je suis krantig« und fand sogar Steigerungsstufen wie »très«, sehr.

Intime Äußerungen scheute Isabella nie. Eine betraf eine Zimmertoilette, ein »pot de chambre«. Isabella war mit ihrem Nachtstuhl ein Missgeschick passiert. Marie Christine beeilte sich, der Seelenfreundin ihren eigenen zur Verfügung zu stellen, und diese revanchierte sich umgehend, in dem sie einen für Mimi organisierte. In einem begleitenden Briefchen verlieh sie gleich der Hoffnung Ausdruck, Mimi möge doch stets ihrer gedenken, wenn sie ihn benütze …

Joseph war in den Briefen Isabellas kein Thema. Der Erzherzog fand meist nur Erwähnung, wenn es darum ging, ob er anwesend oder – oh Freude – im Staatsrat oder bei einem Reitausflug war. Ein Billet von Anfang Mai 1762 allerdings wird von Isabella-Biographen immer wieder dafür angeführt, dass sie doch eine treusorgende Gattin war. Es ist sind zwar nur flüchtig hingeworfene Zeilen, die sie der während einer Unpässlichkeit Josephs ungeduldig auf Nachricht wartenden Marie Christine zukommen ließ, sie lassen aber tief blicken: »Der Ertzherzog ist wieder ganz gesunt und Du kannst Dich einbilden, wie ich frohe bin. Das were wahrhaftig kein Spaß gewesen, wen es so gedauert hette. Er hat recht gehabt, es waren nur winde, und nachdem daß er ein viertelstund lang ärger als der Favorit war so ist er wieder gantz gesund worden. Wir haben alle zwey unvergleichlich geschlaffen und ich hoffe, wir werden auf die jagdt gehen. Adieu, so starck als ich dich liebe, so habe ich doch gestern empfunden, daß der Ertzherzog gehet vorhero. Adieu.«[10]

Das Gefühl, dass ihr der Erzherzog wichtiger war als Mimi, hielt nicht lange an. Bald schon überwogen wieder Briefe wie der folgende: »… allerliebster, allerschätzbarichster Schatz, ich habe dir schon schreiben wollen vor als die Englische Cammerdienerin kommen ist, aber wer kann vor 7 Uhr schon auf seyen. Adieu mein trost, du bis gar zu gut, daß du auf mich denckst, ich hoffe dich heute zu sehen um halber 11. Adieu nochmal, ich küß dein ertzenglisches arscherl …«[11]

Zwischen den beiden Liebenden herrschte nicht immer eitel Wonne. Sie zankten sich auch gelegentlich, dann gab es Verstimmungen, ein wenig Groll. Lange allerdings hielt das nie an, man versöhnte sich, war einander wieder gut, suchte einander in der Kirche, beim Rosenkranz, mit den Augen oder verabredete sich. Der Ort der Rendezvous wurde schriftlich festgelegt. So schrieb Isabella einmal, man könne sich in Schönbrunn wegen des Windes nicht am Fuß der Treppe treffen, sondern eher in der überdachten Allee gegen Hietzing.

Als Marie Christine einmal an Masern erkrankte und sich die Liebenden drei Wochen nicht sehen durften, führte das bei Mimi zu einer eifersüchtigen Verstimmung. Isabella wusste die Geliebte bald mit schönen Worten zu versöhnen: »Wenn ich nicht so ruhig und geduldig wäre, liebes Herz, so wäre ich sicherlich schlechter Laune und hätte Ihnen einen zündenden Brief gesendet. Aber ich habe während dieser drei Wochen zu sehr gelernt, geduldig zu sein. Ich hoffe, daß Sie mich trotz Ihres Billetts genügend kennen, um von der Freude überzeugt zu sein, die ich haben werde, wenn ich Sie übermorgen umarmen kann … Glauben Sie mir, daß meine größte und ich wage auch zu sagen, meine einzige Seligkeit ist, Sie zu sehen und mit Ihnen beisammen zu sein, und niemals werden weder Himmel und Erde, noch Ihre Abwesenheit, noch irgend jemand mich davon abbringen, anders darüber zu denken. Ich flatterhaft werden? Schönste Lisette, Ihr Zweifel beleidigt mich. Adieu. Liebes Herz, ich küsse Sie millionenmal aus allen meinen Kräften.«[12]

Den Sommer 1761 verbrachte die kaiserliche Familie in Schönbrunn. Dort wurde zwar noch heftig gebaut (Maria Theresia hatte angesichts des raschen Anwachsens der Familie den Architekten Nikolaus Pacassi mit Erweiterungsarbeiten beauftragt) und in den Festräumen wurde noch an der Stuckausstattung und an den Fresken gearbeitet, weite Teile des Schlosses waren aber bereits fertig und bewohnbar. Joseph begrüßte den Aufenthalt in Schönbrunn, er hoffte, die gute Luft weit vor den Toren der Stadt werde seiner von der schweren Geburt ihres ersten Kindes noch geschwächten Gattin gut tun. Der Herbst verlief ungewöhnlich mild, und so blieb man bis weit über den Sommer hinaus. Isabella erholte sich zwar körperlich, wurde aber zunehmend depressiv. Besonders, als sie einige Zeit auf Marie Christine verzichten musste. Das lässt zumindest ihr Brief vom 23. Oktober erahnen:

»Allergnädigste Fräulein«, schrieb sie an Mimi, »abwesend von Ihnen zu seyn ist eine marter, die man nicht leicht übertragen … kann … Keine Freude mehr, kein Vergnügen, alles wird abgeschmackt, … nichts anderes ist mehr zu hoffen als traurigkeit und schmertzen, die angenehmsten sachen verlieren ihre annehmlichkeiten … was kann die Freude vergleich, die man empfindet, wenn man wieder zu Ihren Füßen fallen kann? Die Gnade werde ich, hoffe ich, bald haben …«[13]

Ehepflichten und Todessehnsucht

Nach außen hin erfüllte Isabella ihre Pflichten innerhalb des Kaiserhauses gewissenhaft. Sie nahm rührend Anteil, als ihr Schwager, der junge Erzherzog Karl, im Spätherbst 1760 an einer Erkältung und anschließend, im Januar, an den Pocken erkrankte. Noch als er bereits mit dem Tod rang, versäumte sie keine Gelegenheit, ihm Mut zuzusprechen. Sie war auch anwesend, als ihm die Letzte Ölung gespendet wurde. Nach seinem Tod allerdings hatte sie erstmals Gelegenheit, das schaurig-schöne Totenzeremoniell mitzuerleben, das im Hause Habsburg praktiziert wurde. Ein Erlebnis, das bei der trotz aller zur Schau getragener Fröhlichkeit und Lebenslust zunehmend zu Schwermut und Todessehnsucht neigenden Isabella tiefe Spuren hinterlassen haben muss.

Die Geburt eines männlichen Thronfolgers war für das Kronprinzenpaar nach wie vor ein zentrales Thema. Isabella war sich dieser Pflichten durchaus bewusst, sie war sich im Klaren über dynastische Erwartungen und widersetzte sich nicht. Zweimal gab es Hoffnung, und zweimal wurde sie enttäuscht. Isabella erlitt im August 1762, während eines Jagdausfluges nach Holitsch, und im Januar 1763 Fehlgeburten. In den folgenden Monaten verdüsterte sich ihr Gemütszustand rasch und dramatisch.

Gut möglich, dass es die sensible und empfindsame Isabella schwer belastete, die Erwartungen des Kaiserhofes nicht erfüllt zu haben. Gut möglich aber auch, dass sie an ihrem genetischen Erbe schwer zu tragen hatte: Ihre beiden Großväter, Ludwig XV., König von Frankreich, und Philipp V., König von Spanien, hatten unter schweren Depressionen gelitten, und ein Halbbruder ihres Vaters war in geistiger Umnachtung gestorben. Tatsache war, dass Isabellas Gedanken immer öfter um den Tod kreisten und sie sich mit dem Jenseits beschäftigte.

Im Januar 1763 sandte Isabella Mimi ein Billet mit Glückwünschen zum Neuen Jahr – und fügte fast wie selbstverständlich an, sie selbst werde dieses begonnene Jahr nicht überleben. Auch als sich im Frühjahr zeigte, dass sie abermals guter Hoffnung war, änderte das nichts an ihrer Gemütslage. Im Unterschied zu Joseph entgingen Mimi die seelischen Leiden ihrer Geliebten keineswegs. Für die Todessehnsucht, von der Isabella zeitweise geradezu besessen war, hatte sie zwar kein Verständnis, in ihrer »Charakteristik« Isabellas ging sie aber darauf ein. Die große Sehnsucht, die sie nach dem Tode habe, sei ein Gefühl, das fehl am Platze sei, schrieb sie, ob es nun aus der Eigenliebe komme oder von dem Wunsch, heldenhaft zu erscheinen.

Isabella muss das Doppelleben schwer belastet haben, das sie zu führen gezwungen war. Joseph die liebende Gattin vorzuspielen und sich dabei nichts anderes zu wünschen, als mit der geliebten Mimi zusammensein zu können, war sicher ein Balanceakt der höchsten Schwierigkeitsstufe. Die überschwängliche Liebe zu Mimi erfüllte sie andererseits nicht nur mit Glück und Freude, sie riss sie auch in einen Strudel der Gefühle, und sie bereitete ihr durch das Bewusstsein, Unerlaubtes, ja Sündiges zu tun, qualvolle Zerrissenheit. Wie sehr sie sich quälte, das lässt sich aus den geistigen Übungen und Betrachtungen schließen, die sie im Zuge einer dreitägigen Zurückgezogenheit, möglicherweise vorweihnachtlicher Exerzitien, zu Papier brachte. »Alles, was mich zu dieser Stunde beschäftigt, ist zu sagen, wenn ich *sie* nur sehen könnte … Die Natur reißt mich hin, mich unausgesetzt mit der zu beschäftigen, die mich bezaubert und ihretwegen den Herren zu vergessen.«[14]

In ihren weiteren Äußerungen ähnelt Isabella fatal der späteren so unglücklichen Sisi, und zwar bis hin zur Wortwahl. Als Johanna, die zwölfjährige Kaisertochter, an den Pocken erkrankte und innerhalb kurzer Zeit unter Qualen starb, war das für Isabella ein Anlass, tiefschwarze Gedanken zu Papier zu bringen. Was habe sie in dieser Welt verloren, fragte sie. Sie sei zu nichts nütze, tue nur Schlechtes. Je mehr sie das betrachte, desto mehr Hindernisse finde sie für ihr Seelenheil. Wenn es erlaubt wäre, freiwillig zu sterben, sie wäre versucht, es zu tun.

Im Juni 1763 gab es dennoch neue Lichtblicke. Isabella war abermals schwanger. Die Hoffnung, dass diesmal ein Thronerbe zur Welt kommen würde, hob die Stimmung bei Hof, der auch in diesem Jahr zwischen Schönbrunn, Laxenburg, Eckartsau und Holitsch pendelte, der Jagd frönte und bei Theater und Konzert Kunstgenüsse erlebte. Gedämpft war lediglich Isabellas Stimmung. In einem Brief an Marie Christine schrieb sie, eine geheime Stimme kündige ihr den Tod an, und das verbreite eine Sanftmut, eine Weihe in ihrer Seele. Sie ermutige sie zu allem und verleihe ihr eine übernatürliche Kraft über sich selbst. Seit den zwei Tagen, seit diese Stimmung sie beherrsche, sei sie in einem köstlichen Zustand, und alle Freuden, deren man in der Welt teilhaftig werden vermöchte, könnten dem süßen Gefühl, der inneren Befriedigung nicht gleichen, die sie empfinde.

»Es ruft mich!«

Für die Übersiedlung des Hofes von Schönbrunn in die Hofburg war in diesem Herbst der 14. November festgelegt worden. Isabella sei der Abschied besonders schwergefallen, erinnerten sich später Angehörige des Hofes, sie habe sich nur schwer von Schloss und Park getrennt. An Maries Arm habe sie immer wieder gesagt: »Wenn wir nur länger in Schönbrunn bleiben könnten.« Sie sei mehrmals in ihr Zimmer zurückgelaufen, habe sich von dem Raum und ihrem schönen Armsessel verabschiedet und seufzend gesagt, sie würden einander nicht wiedersehen. Beim Anblick der Stadtmauer von Wien soll sie später auf der Fahrt ausgerufen haben: »Dort ist es, wo mich der Tod erwartet!«

Am 18. November verkündete Isabella zum Entsetzen ihrer Hofdamen beim Klang von Kirchenglocken: »Das ist das Zeichen! Es ruft mich!« Und tatsächlich: Wenig später begann sie zu fiebern und musste sich zu Bett begeben. Die Ärzte versicherten vorerst noch beschwichtigend, es handle sich um rheumatisches Fieber. Innerhalb weniger Stunden machten rote Flecken und Pusteln jedoch die schlimmsten Befürchtungen wahr: Isabella war, im sechsten Monat schwanger, an den Pocken erkrankt.

Joseph, der die Pocken bereits überstanden hatte und für den daher keine Ansteckungsgefahr mehr bestand, war eine der wenigen Personen, die sich bei der Kranken aufhalten durften. Er wachte auch wirklich an ihrem Bett. Wie er später Isabellas Vater mitteilte, verließ er sie weder Tag noch Nacht und musste an ihrem Kopfkissen »mehr tot als lebendig sehen, wie sie ihre schöne Seele aufgab«.

Marie Christine war es nicht erlaubt, ihrer geliebten Isabella in diesen schweren Stunden beizustehen und ihr Trost zu spenden. Sie musste wie alle anderen Angehörigen des Hofes auf die Bulletins der Ärzte warten, die von Appartement zu Appartement gesandt und von allen mit zitternden Händen geöffnet wurden.

Ihr blieb nichts anderes zu tun übrig, als gemeinsam mit den anderen Familienmitgliedern für Isabella zu beten.

Am 20. November brachte Isabella ein Kind zur Welt, es war wieder eine Tochter. Das Kind wurde noch in aller Eile in einer Nottaufe auf den Namen Christine getauft, es starb jedoch bereits zwei Stunden nach seiner Geburt. Isabella rang eine Woche lang mit dem Tod. Zeitweise war das Fieber so hoch, dass sie delirierte oder gar das Bewusstsein verlor. Die Nachwehen nach der Geburt traten mit außergewöhnlicher Heftigkeit auf, dazu kamen starke Blutungen. Ihr Körper war überall mit eitrigen Pusteln überzogen, die so übel rochen, dass sich alle, die das Krankenzimmer betraten, in Essig getränkte Tücher vor Mund und Nase halten mussten. Zwischendurch trat Besserung ein, dann war Isabella bei Bewusstsein und konnte klare Gedanken fassen. Am 27. November, kurz nach fünf Uhr früh, entschlief sie schließlich in den Armen Josephs. Ihre letzten Worte sollen gewesen sein: »Mein ganzer Körper brennt, denn ich habe mit meinem ganzen Körper gesündigt.«

Joseph hatte davon nichts bemerkt. In einem Brief an seinen Vater schrieb er: »Es war der beste Ehestand, der nur immer gefunden werden konnte. In meinem Hause erfreute ich mich glückseliger Ruhe. War ich ausgegangen, welches Vergnügen bereitete mir jedesmal die Rückkehr zu ihr. Kummer und Freude redlich miteinander teilend, haben wir die glücklichsten Tage verlebt. Und das alles wird mir geraubt. Wer kann ermessen, was für ein Verlust das für den Staat, für unsere ganze Familie und für mich Unglückseligen ist! Unersetzlich muß er genannt werden, denn niemals hat es eine Prinzessin, eine Frau gegeben wie sie. Und ich war es, der diesen Schatz besaß und mit zweiundzwanzig Jahren muß ich ihn verlieren.«[15]

Josephs unglückliches Leben

Mit Isabellas Tod hatte das Haus Habsburg nach den Kaiser-kindern Karl und Johanna innerhalb kürzester Zeit ein weiteres Familienmitglied verloren, das von den Pocken hinweggerafft worden war. Für Joseph brach die Welt zusammen. An seinen Schwiegervater schrieb er: »Ich habe alles verloren … Aufs tiefste betrübt und darnieder gedrückt weiß ich kaum, ob ich noch lebe. Welch schreckliche Trennung; werde ich sie überdauern? Ja, gewiß, nur um mein ganzes Leben hindurch unglücklich zu sein.«[16]

Traurig, aber wahr: Joseph sollte Recht behalten. Er kam sein ganzes Leben nicht über den Tod seiner geliebten »Tia-Tia« hinweg. Mimi zeigte ihm die Briefe Isabellas, das änderte aber nichts daran, dass er sie weiterhin vergötterte. Eine weitere Liebe gab es in seinem Leben nicht. Er heiratete im Januar 1765 zwar auf Druck seiner Mutter ein zweites Mal. Auch diesmal war es Maria Theresia, von der die Entscheidung ausging. Ihre Wahl fiel auf Maria Josepha von Bayern. Joseph soll die Ehe nie vollzo-gen haben. Er behandelte darüber hinaus seine Gemahlin, die er als »kleine und dicke Gestalt mit hässlichen Zähnen« beschrieb und vor der er sich ekelte, grausam, hartherzig und kalt. Um sie nicht sehen zu müssen, ließ er sogar den gemeinsamen Balkon in Schönbrunn abteilen. Maria Josepha entging einem lang-jährigen Ehe-Martyrium durch ihren frühen Tod. Sie starb 1767 wie Isabella an den Pocken. Joseph hatte ihr weder in ihren letz-ten Stunden beigestanden, noch nahm er an ihrer Beerdigung teil.

Einen weiteren schweren Schicksalsschlag musste Joseph 1770 hinnehmen, als seine und Isabellas über alles geliebte Tochter »Reserl« an rheumatischem Fieber starb. Die Prophezeiung ihrer Mutter Isabella hatte sich erfüllt, sie wurde nur sieben Jahre alt. Einer dritten Eheschließung widersetzte sich Joseph, der sich langsam immer stärker zum humorlosen, ja sogar bösartigen Zyniker entwickelte, erfolgreich. Sein Versuch, die Fürstin Eleonore Liechtenstein zu seiner Geliebten zu machen, scheiterte kläglich. Sie lehnte das Angebot dankend ab und begründete dies in einem Brief, der Joseph charakterisiert: Der arme Kaiser sei im Grunde genommen beklagenswert. Sein Charakter, seine Denkungsart, sein Temperament seien seltsam, einsiedlerisch. Er werde niemals glücklich sein und werde nie jemand glücklich machen. Sie sollte Recht behalten.

Marie Christine hingegen fand später doch noch ihr Lebensglück. Maria Theresia hatte ihr als einzigem ihrer Kinder erlaubt, den Mann ihres Herzens zu heiraten, Albert von Sachsen. Um dem Paar ein sorgenfreies Leben zu ermöglichen, ernannte sie Prinz Albert zum Statthalter von Ungarn und ließ das Pressburger Schloss mit größtem Aufwand umbauen. Pressburg, damals die Hauptstadt Ungarns, blühte durch die Aktivitäten des Statthalterpaares regelrecht auf. Innerhalb kürzester Zeit entwickelte es sich zu einem geistigen und kulturellen Zentrum, und Marie Christine erfreute sich größter Beliebtheit. Doch dieses glückliche, nahezu sorgenfreie Leben ging mit dem Tod Maria Theresias 1780 schlagartig zu Ende. Joseph, nunmehr Kaiser und Alleinherrscher, ließ seiner Eifersucht auf »die Marie« vollen Lauf. Lange genug hatte er mit ansehen müssen, wie sie von Maria Theresia immer wieder bevorzugt und mit Geld und Geschenken überhäuft worden war. Und dass er die Liebe seiner vergötterten Isabella mit ihr teilen musste, hatte er ihr trotz der inzwischen vergangenen Jahre nie verziehen. Josephs erste Maßnahme bestand darin, dass er Albert und Marie Christine den Geldhahn zudrehte. Als nächstes schob er die beiden in die Niederlande ab, als Statthalter in der Nachfolge des verstorbenen Karl von Lothringen. Sie fügten sich in ihr Schicksal. In politisch turbulenten Zeiten mussten sie 1792 allerdings nach Wien flüchten. In Wien wies ihnen der mittlerweile auf den Thron gelangte Franz II.

das Palais von Graf Silva-Tarouca zu, des einstigen Beraters von Maria Theresia. Dort beschäftigte sich Albert in den Jahren bis zu seinem Tod mit der Erweiterung seiner Kunstsammlung, die auch heute noch den Grundstock der weltberühmten Sammlung Albertina bildet.

Marie Christine erlag im Juni 1798 ihrem Magenleiden. Dieser Verlust traf Albert hart. Nach 32 Jahren der glücklichsten Ehe habe er die edelste Frau verloren, die je gelebt habe, schrieb er in seinen Memoiren. Seiner geliebten Gemahlin setzte er ein berührendes Denkmal. Er gab bei Antonio Canova ein Grabmal in der Augustinerkirche in Auftrag. Die flache Wandpyramide mit einem Medaillon Marie Christines, die auch Freimaurer-Symbolik enthält, trägt die Inschrift »Uxori optimae Albertus« (»Der besten Gattin, Albert«).

Marie Christine hatte Isabella auch in ihren glücklichen Ehejahren mit Albert nicht vergessen. Deren Briefe führte sie, fein säuberlich zu einem kleinen Paket verschnürt, auf all ihren Reisen mit sich. Und wie sehr sie Isabella schätzte, zeigt auch ein Bild, das sich nach ihrem Tod in ihrem Gebetbuch fand. Es zeigt Isabella mit ihrer kleinen Tochter Maria Theresia. Auf der Rückseite hatte Marie Christine neben Isabellas Todesdatum vermerkt, sie habe mit ihr die beste und wahrhaftigste Freundin verloren, die sie je hatte. Isabella sei ein Engel gewesen, so habe sie gelebt und so sei sie gestorben …

Ausdruck inniger Zuneigung und tiefsten Kummers: Im Auftrag von Albert
von Sachsen schuf Antonio Canova in der Wiener Augustinerkirche das Grabmal
für Marie Christine.

Das leicht entzündbare Herz: Marie-Louise

(12. Dezember 1791 – 17. Dezember 1847)

»Verkauft« an den Erzfeind Napoleon, erfüllte Marie Louise ihre ehelichen Pflichten, gebar dem Kaiser der Franzosen den ersehnten Sohn – und setzte dann doch ihr Recht auf Liebe durch. Eine Liaison mit einem verheirateten Mann und zwei außereheliche Kinder – das hatte vor ihr noch keine Kaisertochter geschafft!

Edle Vorfahren

Kaiser Franz II. war alles andere als ein dynamischer Herrscher. Er scheute Entscheidungen ebenso wie das Hofzeremoniell, er hielt sich am liebsten in seinen vier Wänden auf, tischlerte, liebte Hausmusik und bequeme Kleidung und war am glücklichsten in seinem Schloss in Laxenburg. Schon im Alter von 16 Jahren wurde er von Joseph II. als »Kaiserlehrling« aus Florenz nach Wien geholt und strengsten Erziehungsmethoden unterzogen. Spätestens 1792, als er mit 24 nach dem überraschenden Tod seines Vaters Leopold II. zum Herrscher in den österreichischen Erblanden, König von Ungarn und Böhmen und zum römisch-deutschen Kaiser wurde, war jedoch klar, dass er es noch lange nicht zum »Kaisermeister« gebracht hatte.

Der junge Kaiser stöhnte vom ersten Tag an unter der Last seiner neuen Aufgaben und Würden. Als eine seiner wichtigsten

Pflichten hatte er es schon vor seiner Thronbesteigung betrachtet, dem Erzhaus Habsburg Söhne zu schenken. Auch das erwies sich jedoch als weit schwieriger als geahnt. Elisabeth Wilhelmine von Württemberg, seine erste Gattin, hatte 1790 eine Tochter geboren, sie selbst war noch bei der Geburt gestorben, das Kind im folgenden Jahr. Im September 1790 heiratete der Erzherzog zum zweiten Mal. Diesmal schloss er den Bund der Ehe mit seiner Cousine Maria Theresia. Sie war die Tochter der energischen und lebenslustigen, mit König Ferdinand von Neapel-Sizilien verheirateten Maria Karolina und die Enkelin der großen Maria Theresia.

In Neapel war Maria Theresia auf Grund ihrer Anmut und Schönheit »die Gazelle« genannt worden. Sie hatte von ihrer Mutter Lebenslust und Sinnlichkeit und dazu einen kräftigen Schuss Unbekümmertheit geerbt. Den Wiener Hof krempelte sie um, sobald ihr Mann die Kaiserwürde erlangt hatte. Jetzt wurde gelacht und getanzt, die junge Kaiserin liebte nichts mehr als Theateraufführungen und Singspiele, Redouten und Maskenbälle und tanzte mit Leidenschaft den neu in Mode gekommenen Walzer. Und, ganz zwischendurch, schenkte sie zwölf Kindern das Leben. Das erste war Marie Louise.

Marie Louise war am 12. Dezember 1791 zur Welt gekommen. Bei ihrer Taufe am nächsten Tag gab ein Bataillon auf dem Bürgerspitalplatz die dreimalige Salve ab, die von den auf den Wällen der Stadt aufgestellten Kanonen wiederholt wurde. Das war zwar nur Jubel im Taschenformat, für die Geburt einer Erzherzogin sah das Protokoll aber nicht mehr vor.

Die kleine Erzherzogin wuchs in Wien wohl behütet und umsorgt auf. Als sie acht Jahre alt war, wurde Gräfin Victoria Colloredo zu ihrer Aja ernannt. Das erwies sich als besonderer Glücksfall, denn die Gräfin hatte aus ihrer ersten Ehe eine kleine Tochter namens Victoire de Poutet. Zwischen ihr und der gleichaltrigen Marie Louise entspann sich eine herzliche und innige Freundschaft, die ein Leben lang andauern sollte.

In Laxenburg bei Wien erfüllte sich Kaiser Franz II./I. in den stürmischen
Zeiten von Revolution und Aufklärung den Traum von einer romantischen,
verträumten Idylle.

Die Mutter bekam Marie Louise nicht oft zu sehen, die war
mit dem Organisieren von Unterhaltungen und Vergnügungen
beschäftigt. Noch als Kind schrieb Marie Louise nieder, sie habe
sich nach nichts mehr gesehnt als nach einer Umarmung ihrer
Mutter – vergebens. Der kaiserliche Vater hingegen war geradezu
vernarrt in seine blonde, mit veilchenblauen Augen in die Welt
blickende »Louisl«, die von ihm das habsburgische Markenzei-
chen, die kräftige Unterlippe, geerbt hatte. Er verbrachte viel Zeit
mit seiner kleinen Prinzessin, spielte mit ihr, freute sich über ihre
tänzerische Begabung und ruderte sie auch gelegentlich über den
Teich in Laxenburg. Marie Louise hing mit zärtlicher Liebe an
ihrem Vater. Ihrem »lieben Papa« schrieb sie auch später noch
lange, herzliche Briefe.

Ein intensives Bildungs- und Erziehungsprogramm war für die kleine Erzherzogin nicht vorgesehen. Sie hatte keine langweiligen Lektionen durchzustehen wie die männlichen Nachkommen, man begnügte sich damit, ihr eine Art Basis-Wissen zu vermitteln, eine gute Allgemeinbildung ohne Tiefgang. Schon früh zeigte sich, dass sie sehr musikalisch war und alles schätzte, was mit Kunst zu tun hatte. Und auch ihre starke Sprachenbegabung war unübersehbar. Schon früh konnte sie in Deutsch, Ungarisch, Böhmisch, Französisch und Englisch Konversation führen, hatte Grundkenntnisse in Spanisch und Italienisch und konnte Latein lesen und übersetzen. Der dem Bürgerlichen eng verhaftete Vater sorgte auch dafür, dass sie häusliche Tätigkeiten erlernte wie nähen und sticken, zeichnen und musizieren, Blumen pflegen und das Zubereiten feiner Süßigkeiten. Direktiven für die Erziehung kamen häufig aus Neapel. Großmutter Maria Karolina gab brieflich Anweisungen. Eine davon betraf den Umgang mit dem männlichen Geschlecht. Marie Louise sei von Männern fernzuhalten, riet die Großmutter, nur so könne sichergestellt werden, dass sie später einmal, als Königin oder Kaiserin, den von ihren Eltern aus dynastischen Gründen erwählten Gemahl als Mann ihres Lebens zu schätzen wisse.

Napoleon, der »Antichrist«

Draußen in der Welt veränderten sich die politischen Verhältnisse indes dramatisch. In Frankreich hatten wütende Menschenmassen jene Revolution entfacht, die sich bald wie ein riesiger Flächenbrand ausbreiten sollte. Im April 1792 hatte die Kriegserklärung Frankreichs den Beginn des Ersten Koalitionskrieges eingeläutet. Das französische Königspaar Ludwig XVI. und Marie Antoinette war abgesetzt worden, schließlich machte man ihm den Prozess. Der Wiener Hof verfolgte die Ereignisse zwar, die Anteilnahme allerdings hielt sich in Grenzen. Sogar am 16. Oktober 1793, dem Tag, an dem Marie Antoinette, immerhin die Tante der jungen Kaiserin Marie Therese, in Paris auf dem Schafott starb, stand eine Reihe von Vergnügungen auf dem Programm: Besuch der Spanischen Reitschule, danach Fahrt nach Schönbrunn, Diner im Chinesischen Zimmer und schließlich Besuch einer Abendvorstellung im Theater.

Als Robespierre, eine der treibenden Kräfte der Französischen Revolution, in Paris gestürzt wurde, schien sich die Lage in Europa zu entspannen. Da tauchte am Horizont eine neue, bei weitem größere Gefahr auf: Napoleon Bonaparte. Er war 1795 zur Belohnung für die Niederschlagung eines royalistischen Aufstandes mit dem Oberbefehl über die französischen Truppen in Italien betraut worden. Nun marschierte er unaufhaltsam vorwärts, okkupierte Nizza und Savoyen, vertrieb die Erzherzöge der Lombardei und der Toskana und belagerte sechs Monate lang die strategisch wichtige Stadt Mantua. Nach ihrer Kapitulation im Februar 1797 war der Weg über die Alpenpässe frei. Österreich, das unter der militärischen Führung von Erzherzog Karl gestanden war, musste den Frieden von Campo Formio annehmen und den Verlust weiter Gebiete hinnehmen. Napoleon hingegen marschierte nach Süden. Im Februar 1798 besetzten seine Truppen den Kirchenstaat. Schon drohte eine Invasion des Königreichs Neapel-Sizilien.

Napoleon aber änderte seine Pläne und brach nach Ägypten auf. Sein Ziel war es, England den Weg nach Indien abzuschneiden. Diesmal gingen Napoleons Pläne nicht auf. Admiral Nelson schlug dessen 2000 Schiffe umfassende Flotte am 1. August 1798 erfolgreich in Abukir. Damit war Napoleons Traum von der Welteroberung zwar ausgeträumt, in Frankreich spielte diese Niederlage aber keine Rolle. Im Gegenteil, Napoleon wurde bei seiner Rückkehr als Held gefeiert. Und nicht nur das: Es gelang ihm, sich in den Wirren eines geplanten Staatsstreiches an die Spitze Frankreichs hochzukatapultieren. Im Alter von 30 Jahren wurde er zum Ersten Konsul und faktisch zum Alleinherrscher in Frankreich.

Am Wiener Hof waren die Ereignisse rund um Napoleon mit höchster Skepsis beobachtet worden. Österreich hatte auch den Zweiten Koalitionskrieg verloren. Im Frieden von Lunéville erhielt Frankreich 1801 die seit 1794 besetzten linksrheinischen Gebiete. Das schmerzte ebenso wie die Kaiserkrönung Napoleons im Mai 1804 in Paris. Um seine kaiserliche Hausmacht zu erhalten und die Ranggleichheit mit Napoleon zu wahren, entschloss sich Kaiser Franz II. zu einem ebenso ungewöhnlichen wie mutigen Schritt. Er proklamierte das Kaisertum Österreich und nahm den Titel Franz I. Kaiser von Österreich an. Da er bis 1806 auch römisch-deutscher Kaiser Franz II. blieb, ging er als einziger »Doppelkaiser«, als Franz II./I., in die Geschichte ein.

1805, nach seinem Sieg bei Austerlitz, nahm Napoleon Neapel ins Visier. Das traf Maria Karolina und ihren Gatten hart. Das Königspaar musste 1806 nach Sizilien flüchten. Im März 1806 setzte Napoleon seinen Bruder Joseph Bonaparte auf den Thron von Neapel und vier Jahre später seinen Schwager Joachim Murat. Das machte Maria Karolina zur erbitterten Feindin des »Ungeheuers« Napoleon. Sie bombardierte halb Europa mit Briefen, in denen sie ihn wild beschimpfte, als »korsischen Despoten«, »Geißel Europas«, ja bis hin zum »Verbrecher«.

In Wien fielen Maria Karolinas Beschimpfungen auf fruchtbaren Boden. Auch bei ihrer Enkelin Marie Louise. Angeblich soll sie sogar eine Puppe namens Napoleon gehabt haben, an der sie ihre Wut über den »Antichristen« ausließ, wie sie ihn nannte, über den Teufel in Menschengestalt. Solange sie denken konnte, hatte Napoleon gegen Österreich Krieg geführt. Die militärischen Demütigungen, die der Korse ihrem Vater zugefügt hatte, saßen tief. Hinzu kam, dass Napoleon 1805 den Frieden von Pressburg

Napoleons Staatsstreich am 9. November 1799, der ihn zum Ersten Konsul und faktisch zum Alleinherrscher Frankreichs machte. Radierung von Francesco Bartolozzi.

diktiert hatte, der zum Verlust von Venetien, Istrien, Dalmatien und Kotor und zur Abtretung Tirols an Bayern geführt hatte. Dass dieser Napoleon in ihrem Leben jemals eine Rolle spielen würde, kam Marie Louise nie in den Sinn.

Franz II./I. war 1807 zum zweiten Mal Witwer geworden. Seine geliebte Gattin Maria Theresia war im Winter an tuberkulöser Rippenfellentzündung erkrankt. Die Ärzte behandelten die zum zwölften Mal Schwangere mit Aderlässen. Das löste statt der erhofften Besserung eine Frühgeburt aus, die zum Tod der Kaiserin führte. Kaiser Franz war so außer sich über den Verlust

seiner vergötterten Gattin, dass er mit Gewalt von ihrem Toten-
bett entfernt werden musste. Witwer blieb der Kaiser dennoch
nicht lange. Schon im Januar 1808 heiratete er mit großem Pomp
die zu diesem Zeitpunkt erst 19-jährige, überaus schöne und gebildete Maria Ludovica Beatrix von Modena. So sehr die Wiener
Bevölkerung der jungen und neuen Kaiserin zujubelte, so sehr
knüpften sich an diese Beziehung auch Befürchtungen. Maria
Ludovicas Vater, Erzherzog Ferdinand Karl, ein Sohn von Maria
Theresia, war österreichischer Statthalter der Lombardei gewesen. Als Napoleon 1796 Mailand eroberte, wurde er zur Flucht
gezwungen. Das hatte bei der ganzen Familie, Ludovica einge-
schlossen, zu unbändigem Hass auf den Korsen geführt. Nun befürchtete man, die erbitterte Feindin Napoleons könne zur treibenden Kraft für einen neuen Krieg werden. Tatsächlich schloss
sich Maria Ludovica der Kriegspartei an – und stand damit bald
im krassen Gegensatz zu ihrem friedliebenden Gatten. Dieser
aber schwenkte um. Unterstützt von Großbritannien, erklärte
Kaiser Franz II./I. im April 1809 Napoleon abermals den Krieg.
Der 5. Koalitionskrieg begann, übrigens zeitgleich mit dem Aufstand Andreas Hofers gegen die mit Napoleon verbündeten bay-
rischen Truppen, die 1806 Tirol besetzt hatten. Der Krieg verlief
vorerst wechselhaft, Napoleon marschierte – unblutig – in Wien
ein, und dann geschah das Unerwartete: Erzherzog Karl errang
im Mai bei Aspern einen fulminanten Sieg über die französische Armee. Die Freude währte allerdings nicht lange. Schon im
Juli siegten die Franzosen in Wagram über die Österreicher, und
damit war der Krieg entschieden. Napoleon ließ vollmundig verlauten, er werde mit Österreich keinen Frieden mehr schließen, er
werde die Monarchie aufteilen. Das Schicksal des Kaiserreiches
schien besiegelt. Kaiser Franz soll gesagt haben: »Aber Laxenburg werden sie mir wohl lassen!«

Eine gute Partie?

Maria Ludovica hatte sich nach dem Einmarsch Napoleons in Wien mit den Kindern des Kaisers auf die Burg von Ofen zurückgezogen. Fern von den politischen Katastrophen, die über ganz Europa hereingebrochen waren, verbrachte Marie Louise dort ihre Tage mit Lesen und Handarbeit, Zeichnen und Musizieren. Und so ganz zwischendurch schwärmte die nun 18-Jährige ein bisschen für Erzherzog Ludwig, den 25-jährigen Bruder ihres Vaters. Für ihn strickte sie ein gelbes Gilet. Sie spielte auch mit Vorliebe Klavier, wobei sie gelegentlich ein junger Mann begleitete, der eine wunderschöne Singstimme besaß: Erzherzog Franz von Modena, der Bruder Ludovicas.

Die Kaiserin hätte eine Verbindung von Marie Louise mit Erzherzog Franz begrüßt. Sie hatte schon länger nach einer angemessenen Partie für ihren Bruder Ausschau gehalten. Da schien die Kaisertochter mehr als geeignet. Ludovica griff zu einer kleinen List. Sie überreichte das eben fertig gestellte gelbe Gilet Erzherzog Franz und ließ ihn wissen, Marie Louise habe es für ihn gefertigt. Amor behielt seine Pfeile dennoch im Köcher. Die beiden fanden nicht zueinander. Und das hatte seine Gründe. Marie Louise ahnte zwar nicht, dass Erzherzog Franz wegen seiner Grausamkeiten hinter vorgehaltener Hand »der Metzger« genannt wurde. Sie musste allerdings einmal beobachten, wie er mit der Peitsche auf einen Reitknecht einschlug – und das reichte. Zum Glück, denn der Erzherzog sollte sich später, als er nach dem Wiener Kongress die Erbfolge im Herzogtum Modena antrat, zu einem despotischen, grausamen Herrscher entwickeln.

In einem Brief, den Marie Louise im Januar 1810 an ihren Vater richtete, erklärte sie ihrem »lieben Papa« allerdings noch, sie habe bei ihrem Aufenthalt in Ofen Gelegenheit gehabt, Erzherzog Franz kennenzulernen und habe in ihm alle Eigenschaften entdeckt, die sie glücklich machen würden. Dass die Idee zu diesem Brief von Ludovica stammte, lassen allerdings die folgenden Zeilen vermuten, in denen Marie Louise schrieb, sie habe in der Zeitung von Napoleons Scheidung gelesen. Jetzt sei sie heftig darüber beängstigt, dass es nicht unmöglich sei, dass sie zu dem Kreis potentieller Heiratskandidatinnen für Napoleon gehöre. Das habe sie bewogen, ihrem Vater dieses Geständnis zu machen.

Kaiser Franz hatte nach der verlorenen Schlacht bei Wagram Außenminister Johann Philipp von Stadion durch Fürst Clemens Wenzel von Metternich ersetzt, den bisherigen Botschafter in Paris. Die Hoffnung, dass sich durch diesen Krieg die Resultate des Friedens von Pressburg revidieren ließen, hatte sich zerschlagen. Der Friede von Schönbrunn wurde unterzeichnet. Österreich verlor rund 100 000 Quadratkilometer seines Territoriums, den Zugang zum Meer, musste 85 Millionen Francs an Kriegskontribution an Frankreich zahlen, sich der englischen Kontinentalsperre anschließen, sein Heer auf 50 000 Mann reduzieren und zulassen, dass die Festung auf dem Grazer Schlossberg geschliffen wurde.

Und, so ganz nebenbei, entschied sich das Schicksal von Marie Louise. Sie sollte mit Napoleon verheiratet werden. Drahtzieher dieser Verbindung waren Metternich und seine Frau Eleonore, übrigens die Enkelin des berühmten Staatskanzlers Kaunitz, die vorerst in Paris geblieben war. Sie erhofften sich davon die Festigung der politischen Beziehungen zwischen Frankreich und Österreich. Napoleon hingegen sah in der Heirat mit der Prinzessin eines alten europäischen Kaiserreiches, bevorzugt Russland oder Österreich, die Legitimation seines neuen Imperiums. Dazu brauchte der Emporkömmling legitime leibliche Nachkommen. Seine Gattin Joséphine hatte ihm keine Kinder geschenkt. Er sehe sich gezwungen, »einen Bauch« zu heiraten, der ihm Kinder gebären könne, hatte der »Empereur« daher seiner langjährigen Gefährtin wenig charmant als Grund für die Scheidung genannt.

Napoleons Scheidung erlangte am 15. Dezember 1809 Gültigkeit. Eine russische Prinzessin in heiratsfähigem Alter war zu jenem Zeitpunkt nicht verfügbar, also entschied er sich rasch für Marie Louise. Bereits Ende Januar 1810 teilte er seinen Entschluss Eleonore Metternich mit. Diese informierte umgehend ihren Gatten in Wien und erhielt von ihm – ganz vertraulich – die Meldung: »Wenn man in Paris will, werde ich hier wollen lassen.«[1]

Hochzeit mit Napoleon

Marie Louise war mit dem Leitbild Kaiser, Kirche, Staatsräson erzogen worden. Der Gehorsam gegenüber dem Vater und Kaiser hatte für sie höchsten Stellenwert. Also willigte sie in die Heirat ein und fügte sich in ihr Schicksal. Die Aufgabe, als Friedensunterpfand nach Paris zu gehen, betrachtete sie als ihr persönliches Opfer für das Haus Habsburg. Wie es ihr dabei erging, interessierte niemanden. Ihre Gefühle, Ängste und Befürchtungen spielten keine Rolle. Dürfe man zögern, soll Fürst Karl Schwarzenberg, der österreichische Botschafter in Paris, gefragt haben, »wenn man die Wahl hat zwischen dem Ruin der Monarchie und dem Unglück einer Prinzessin?«[2]

Marie Louise war mittlerweile zu einer stattlichen Erscheinung herangewachsen. Sie war keine Schönheit, verstand es aber, mit ihrer herzlichen, aufrichtigen und natürlichen Art, Menschen zu gewinnen. Ihr Teint war hell, rein und rosig, und das langgezogene Gesicht wurde von dichtem, dunkelblondem Haar eingerahmt. Groß gewachsen, überragte sie Napoleon später um ein gutes Stück, hatte schon mit 18 Jahren ausgeprägt üppige Formen und eine stark erotische Ausstrahlung. Dass Napoleon sich ihr gegenüber noch vor der Hochzeit in mehreren Briefen als großer Charmeur gab, regte die Phantasie der 18-Jährigen an. Schon

Anfang März zum Beispiel versicherte er »Madame« – das war die Anrede, die der Herrscherin Frankreichs zustand – in einem persönlichen Schreiben, die beständigste und angenehmste Beschäftigung seines Lebens werde künftig darin bestehen, ihr zu gefallen. Ob süße Worte wie diese die Bedenken der Kaisertochter zerstreuen konnten? Ob sie dazu angetan waren, zu vergessen, was nur wenige Jahre zuvor ihrer in ähnlicher Mission nach Paris entsandten Großtante Marie Antoinette zugestoßen war? Großmutter Maria Karolina in Palermo jedenfalls rang die Hände. Ihre Enkelin sei dem »räuberischen Unhold als Beute« vorgeworfen worden, spuckte sie Gift und Galle, jetzt sei sie die Großmutter des Teufels.

Ob die junge Braut je auf die Ehe vorbereitet wurde, ist zu bezweifeln. Ihre Stiefmutter Maria Ludovica jedenfalls dürfte ihr in dieser Beziehung kaum eine Hilfe gewesen sein. Abgesehen davon, dass sie Napoleon hasste wie den Leibhaftigen, waren ihr auch ihre ehelichen Pflichten mehr Last als Lust. In einem von Metternich kontrollierten Brief an eine Freundin bekundete die gesundheitlich stark angegriffene Kaiserin offen, dass sie diese Pflichten die größte Überwindung kosteten.

Die Vermählungs-Feierlichkeiten erstreckten sich in Wien über mehrere Tage. Zufall oder Fingerzeig des Schicksals – viele der Details wirken im Nachhinein wie eine Reihe bedenklicher Vorzeichen. Die Feierlichkeiten begannen am 9. März 1810 damit, dass Marie Louise in der Geheimen Ratsstube der Hofburg unter einem Baldachin neben ihrem Vater, dem Kaiser, sitzend, den feierlichen Renuntiationseid leistete, die Thronverzichtserklärung für sich und ihre späteren Kinder. Am Abend vor der Trauung wohnten die Majestäten im Theater an der Wien in ihrer prachtvoll dekorierten Loge der Aufführung der Gluck-Oper »Iphigenie in Tauris« bei – in der Iphigenie schon im ersten Akt ihr Leben als Frau in der Fremde betrauert: »Der Frauen Schicksal ist beklagenswert …«

Marie Louise als junges Mädchen. Sie war zwar alles andere als eine zart-
gliedrige Schönheit, verstand es aber, durch ihre aufrichtige und natürliche Art
zu gewinnen.

Am folgenden Tag, dem 11. März, wurde in der Augustiner-
Kirche die Prokura-Trauung vollzogen, in vollem Pomp und mit
der für das Haus Habsburg üblichen Prachtentfaltung. Als Braut-
mutter hatte ausgerechnet Maria Ludovica ihre Stieftochter an
der rechten Hand zum Altar zu führen, Napoleons erbitterte

Gegnerin. Und an Stelle des Bräutigams steckte Erzherzog Karl der Braut den Ring an den Finger – ausgerechnet jener Feldherr, der Napoleon bei Aspern die erste schwere Niederlage zugefügt hatte.

Abschied aus Wien

Trotz allem: Die Hochzeitsglocken wurden von weiten Teilen der Bevölkerung als Friedensglocken interpretiert. Die Hoffnung auf Frieden mit Frankreich ließ den Wert der Staatspapiere steigen, und Geschäftsleute schöpften neuen Mut. Entsprechend pompös war der Abschied, den die Wiener der neuen Kaiserin von Frankreich bereitete.

Am 13. März bewegte sich unter Kanonendonner und Glockenläuten ein unendlich langer Zug aus Kutschen hinter dem von Leibgarden flankierten sechsspännigen Wagen Marie Louises langsam durch ein dichtes Spalier von Bürgern aus der Wiener Innenstadt hinaus Richtung Westen. In Braunau am Inn erfolgte die »Übergabe«. Marie Louise musste sich von ihren österreichischen Hofdamen verabschieden, an ihre Stelle traten nun Französinnen – deren starkes Parfum sie vom ersten Augenblick an irritierte. Wirklich gut verstand sie sich später nur mit der im Mai 1810 an die Spitze ihres Hofstaates berufenen Herzogin von Montebello. Nur sie sei natürlich und gütig, während die anderen Damen böse und voller Prätentionen seien, vermerkte sie, und diese erste Sympathie war der Beginn einer viele Jahre anhaltenden nahezu freundschaftlichen Beziehung.

Napoleon zeigte sich anlässlich der Vermählung mit der Kaisertochter überaus großzügig. Im Gegensatz zum Kaiserhaus in Wien, das als Mitgift lediglich 500 000 Kronen lockergemacht hatte, ließ er sich die Ausstattung seiner neuen Gemahlin fünf

Millionen Franken kosten. Allein der vergoldete »Hochzeitskorb«, den er Marie Louise überreichen ließ, und der mit Juwelen, Perlen und Diamanten reich gefüllt war, stellte einen Wert von Millionen Franken dar. Das Prunkstück darin war das mit 16 großen Diamanten eingefasste Bild Napoleons. Für das Hochzeitskleid gab Napoleon sogar 12 000 Franken aus.

Zu warten und sich in Geduld zu fassen hatte Napoleon nie gelernt. Bisher hatte er von seiner jungen Braut lediglich ein – vermutlich ein wenig schön gefärbtes – Porträt zu Gesicht bekommen, und das hatte ihn entzückt. Jetzt brannte er darauf, Marie Louise in natura zu sehen, und fuhr ihr entgegen. Unweit der Brücke, an der Marie Antoinette 40 Jahre zuvor König Ludwig XV. und dem Dauphin übergeben worden war, überraschte er Marie Louise durch sein plötzliches, im Protokoll nicht vorgesehenes Auftauchen. Aber damit nicht genug: Ganz Eroberer und zärtlicher Liebhaber, der dafür gesorgt hatte, dass Marie Louise an jeder Station ihrer Brautfahrt einen herzlichen, liebevollen Brief vorgefunden hatte, umging er das Protokoll auch in der folgenden Nacht. Statt allein im Hôtel de la Chancellerie in Compiègne zu nächtigen, erschien er um 1 Uhr nachts im Schlafgemach Marie Louises und vollzog die Ehe. Nicht allerdings, ohne seine Gemahlin zuvor gefragt zu haben, ob sie sich durch die Prokura-Trauung in Wien mit ihm verheiratet fühle.

Marie Louise hatte diese Frage bejaht – und sie schien es nicht bereut zu haben. Das lassen zumindest die Briefe vermuten, die sie wenig später an ihren Vater in Wien richtete. Napoleon liebe sie inniglich, schrieb sie darin. Er habe etwas Einnehmendes und Zuvorkommendes, dem man nicht widerstehen könne. Sie sei überzeugt, recht zufrieden mit ihm leben zu können. Zufrieden muss auch Napoleon gewesen sein. Nach der ersten Nacht zeigte er sich erfreut über den Bericht der Kammerfrau, die Blut auf dem Laken bemerkt hatte. Und einen seiner Vertrauten zupfte er übermütig am Ohr und riet ihm, er solle nur eine Deutsche hei-

raten, das seien die besten Frauen der Welt, gut, naiv und frisch
wie Rosen.

Eine zweite Hochzeit

Die offiziellen Hochzeitsfeierlichkeiten in Paris verliefen weitaus
weniger erfreulich. Napoleon hatte den Kirchenstaat zum französischen Staatsgebiet erklärt und Papst Pius VII. in Savona gefangen gesetzt. Im Gegenzug hatte das Kirchenoberhaupt Napoleons
Scheidung von Joséphine nicht anerkannt. Schon bei der Ziviltrauung mit Marie Louise, die am 1. April 1810 in Saint-Cloud
wie ein Staatsakt über die Bühne ging und zu der Napoleon in
einem feuerroten Mantel erschien, glänzte eine ganze Reihe von
Kardinälen durch Abwesenheit.

Nach dem überaus glanzvollen Einzug des Kaiserpaares in
Paris konnte die kirchliche Trauung wegen der Weigerung des
Papstes auch nicht in der Kirche Notre-Dame erfolgen. Napoleon musste sich am 3. April mit dem Segen eines Kardinals begnügen, erteilt in dem eilig zur Kapelle umfunktionierten »Salle
de Carré« des Louvre. Marie Louise mag sich durch den nach der
Prokura-Trauung in Wien nun zum zweiten Mal erteilten kirchlichen Segen doppelt verheiratet gefühlt haben. Tatsache war
aber, dass die Ehe der Tochter der »Apostolischen Majestät« in
Wien nach kanonischem Recht keine Gültigkeit hatte und Marie
Louise aus der Sicht des Vatikans zur Konkubine Napoleons
degradierte. Das allerdings hatte Marie Louise zuvor niemand
gesagt. Ihr Vater nicht, Metternich nicht, und Napoleon schon
gar nicht.

Die Trauung war auch von einem schweren Eklat begleitet.
Die Familienmitglieder Napoleons hatten sich von Anfang an
zur Opposition gegen die Kaisertochter formiert. Es widerstrebte

Die zweite Hochzeit am 3. April 1810, diesmal in Anwesenheit Napoleons.

ihnen, den Emporkömmlingen, die hohe, tadellose Abstammung und Bildung der Kaisertochter zu akzeptieren. Napoleon hatte angeordnet, dass alle fünf Schwägerinnen der neuen Kaiserin die fünf Enden ihres Krönungsmantels tragen sollten – und diese protestierten aus Eifersucht und Neid vehement dagegen. Sie ließen nichts unversucht, brachen in Tränen aus, verlegten sich aufs Bitten und Betteln oder drohten gar, in Ohnmacht zu fallen. Napoleon gab nicht nach. Schließlich erteilte er Befehl, dass die fünf Frauen die fünf Enden des Mantels zu tragen hätten. Diese aber verabredeten sich zum Widerstand. Kaum hatte die Zeremonie begonnen, fielen einige in Ohnmacht, andere griffen zu ihren Riechfläschchen, um zu zeigen, dass sie nicht im Stande waren, den Mantel zu tragen. Eine ließ den Zipfel überhaupt fallen. Die Stiefnichte Napoleons, Hortense de Beauharnais, rettete die Situation schließlich, indem sie den Mantel aufhob und allein trug.

Trotz all der Schatten, die von Anfang an auf diese Ehe gefallen waren, erfüllte sich ihr eigentlicher Zweck rasch. Nach einer überaus schweren und langen Entbindung schenkte Marie Louise Napoleon am 20. März 1811 den ersehnten Sohn und Nachfolger. Napoleon war überglücklich. Er ließ den Neugeborenen in eine Prunkwiege aus vergoldetem Silber, Samt und Seide betten, verlieh ihm den Titel »König von Rom« und plante für Napoleon II. schon bald eine Residenz auf dem Pariser Hügel von Chaillot, größer und schöner als alles bisher Dagewesene.

Das traute Familienglück währte allerdings nicht lange. Schon im Mai 1812 musste Marie Louise ihren kleinen Sohn seiner Amme und einem Heer von Kinderfrauen überlassen. Sie selbst begleitete Napoleon nach Dresden, wo sich alle deutschen Fürsten sowie der König von Preußen und der Kaiser von Österreich zum Fürstentag versammelt hatten. Der Eroberer rüstete wieder einmal zum Krieg. Russland hieß sein neues Ziel.

Während Marie Louise zum ersten Mal ihren geliebten Vater wiedersah, machte sich Napoleon auf nach Preußen und Polen. Dort stellte er die größte Armee auf, die Europa je gesehen hatte, die Grande Armée, 675 000 Mann stark.

Marie Louise begleitete Napoleon nicht nach Preußen und Polen. Sie trennte sich von ihm in Dresden und reiste weiter nach Prag. Dort wurde die einstige Kaisertochter herzlich und freudig empfangen. Und dort traf sie zum ersten Mal mit dem Mann zusammen, der später ihr Schicksal werden sollte: Graf Adam Adalbert von Neipperg. Er war einer der zwölf Edelleute, die der Wiener Hof zu Ehrenkavalieren für die junge Kaiserin bestimmt

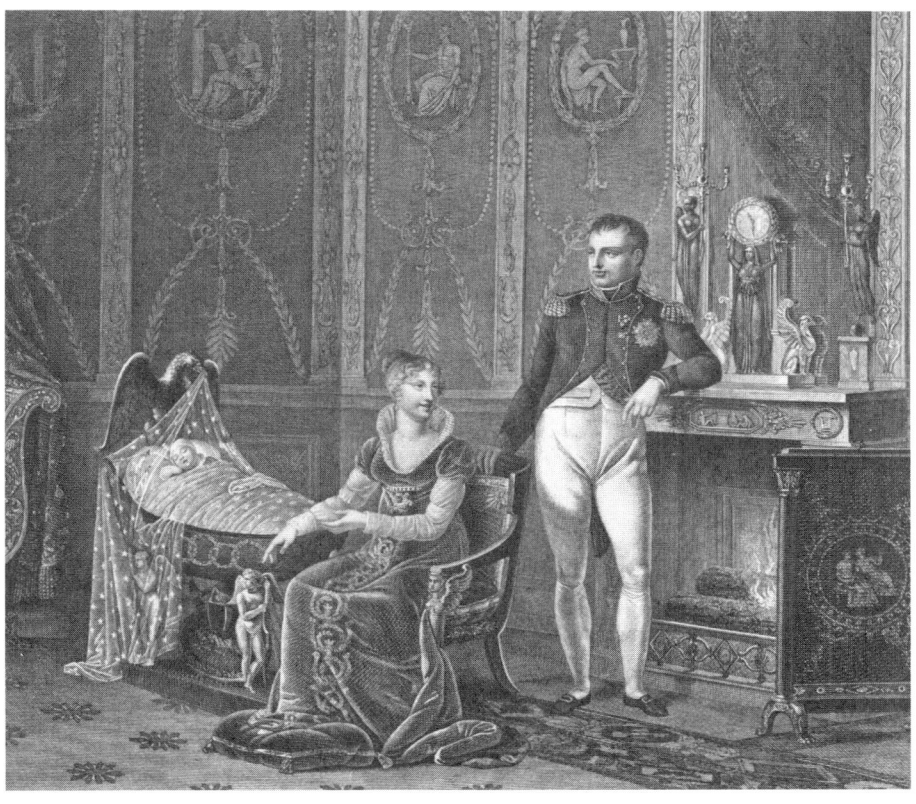

Als Marie Louise einen Sohn zur Welt brachte, war Napoleon am Ziel seiner
Wünsche. Der Neugeborene wurde in eine Prunkwiege gebettet und erhielt den
Titel »König von Rom«.

hatte. Zu jenem Zeitpunkt nahm Marie Louise von dem »Haudegen« mit der schwarzen Augenklappe allerdings noch keine
Notiz. Noch nicht.

Zurück in Paris, schlug Marie Louise immer wieder kalte
Ablehnung entgegen. Die Erinnerung an Joséphine, an ihre Gra-
zie und Eleganz, ihren Esprit und Charme, war nicht verblasst.
Dagegen wirkte das »deutsche Gretchen« brav und bieder, auch
wenn sie elegante Kleider und teuren Schmuck trug und sich von
den führenden Mode-Experten beraten ließ. Die Unsicherheit

der jungen Kaiserin – sie war knapp über 20 Jahre alt – wurde oft als Arroganz ausgelegt und ihre Zurückhaltung als Kälte. Dass die Verwandten Napoleons, allen voran die Riege der Schwägerinnen, geschlossen gegen die Kaisertochter auftraten, war überaus verletzend. Und als zunehmend schmerzlich empfand es Marie Louise, dass man ihr ihren kleinen Sohn mehr und mehr entzog. Sie durfte ihn nur zu festgesetzten Zeiten und dann nur kurz sehen und hatte nicht einmal Erlaubnis, seine Wohnräume im Schloss Meudon zu betreten. Es war ihr auch nicht vergönnt, zuzusehen, wie er dort auf der Terrasse in einem Wägelchen spazieren fuhr, das von zwei Schäfchen gezogen wurde, oder wie er mit den Spielzeugsoldaten hantierte, die ihm sein stolzer Vater zum ersten Geburtstag geschenkt hatte.

Die Ehe mit Napoleon verlief trotz allem harmonisch. Der Empereur erwies sich als liebevoller Gatte, der es genoss, dass seine Frau sinnlichen Genüssen offen war und im Ansatz das zeigte, was ihr später als »krankhafte Nymphomanie« angelastet wurde. Er überhäufte sie mit Geschenken und führte zeitweilig sogar jenes bürgerliche Leben mit ihr, das sie von Wien gewöhnt war, mit regelmäßigen Mahlzeiten, gemütlich mit Musik verbrachten Stunden und bequemer Hauskleidung. Daran, dass sich Napoleons Stimmung schlagartig ändern, dass er aufbrausend, donnernd und laut sein konnte, gewöhnte sie sich. Sie lernte, Gewitter einfach vorüberziehen zu lassen und nahm es nicht allzu ernst, wenn auch in den privaten Räumlichkeiten der Befehlston herrschte wie in einem Feldlager. Womit die am Wiener Kaiserhof in nahezu bescheidenen, bürgerlichen Verhältnissen aufgewachsene Kaisertochter anfangs viel weniger gut umgehen konnte, war die Verschwendungssucht und das neureiche Gehabe Napoleons und seines Clans. Auch daran gewöhnte sie sich jedoch rasch.

Zurück nach Wien

Aus Russland kehrte Napoleon im Dezember 1812 als Verlierer zurück. Die Grande Armée war aufgerieben, lediglich 18 000 Mann der ursprünglich 675 000 hatten sich halb verhungert und erfroren über die preußische Grenze retten können. Daran, aufzugeben, dachte Napoleon dennoch nicht. Er begann sogleich, eine neue Armee zusammenzustellen, um gegen Deutschland zu marschieren, in dem die nationalen Kräfte erstarkt waren und das ein Bündnis mit Russland geschlossen hatte. Vor seiner Abreise wurde Marie Louise am 30. März 1813 als Regentin vereidigt – sollte dem Kaiser etwas zustoßen, hatte sie im Namen seines Sohnes die Regierung zu führen.

Auch der Feldzug nach Deutschland entwickelte sich für Napoleon glücklos. Seine Armee wurde rasch zurückgedrängt. Im Winter 1814 musste er in Frankreich selbst kämpfen. Als seine Gegner im März vor Paris standen, musste Marie Louise mit ihrem Sohn auf Schloss Blois südlich von Orléans ausweichen. Die Trennung von ihrem Mann fiel ihr schwer. Als sie in die Krönungskutsche stieg, die sie einst nach Paris gebracht hatte, liefen Ströme von Tränen über ihr Gesicht. Ahnte sie, dass es ein Abschied für immer war, dass sie Napoleon nie wiedersehen würde?

Napoleon dankte am 4. April 1814 ab. Sein Kaisertum war zusammengebrochen. Kaiser Franz zog am 15. April in Paris ein. In Rambouillet unterbreitete er seiner Tochter die – wieder einmal von Metternich – ausgearbeiteten Pläne für ihr weiteres Leben. Das Kind werde als Erzherzog von Österreich in die Familie Habsburg aufgenommen, sie selbst bekomme das Herzogtum Parma. Unter der Bedingung, dass sie Frankreich verließ und ihren Mann nicht wiedersah.

Kurz nachdem Napoleon seine Reise nach Elba angetreten hatte, verließ Marie Louise mit ihrem Sohn Rambouillet. Marie

Louise hatte sich dafür entschieden, einen Großteil ihrer französischen Hofdamen beizubehalten und sie mit nach Wien zu nehmen. Sie habe sich an sie gewöhnt, schrieb sie an ihren Vater, er kenne doch ihren Abscheu vor neuen Gesichtern.

In Wien traf Marie Louise am 21. Mai 1814 ein. Kaiserin Maria Ludovica war ihr bis Sieghartskirchen entgegengefahren und hatte sie dort empfangen. Vor dem Schloss Schönbrunn erwartete die »Heimkehrerin« eine riesige Menschenmenge. Aus nah und fern hatten sich Menschen eingefunden, um einen Blick auf die einstige Erzherzogin und jetzige Ex-Kaiserin von Frankreich zu werfen – und natürlich auf ihren Sohn, den Ex-König von Rom, der zehn Minuten nach seiner Mutter in seiner eigenen Kutsche eintraf.

Marie Louise bezog den Westflügel von Schloss Schönbrunn, genau jene Räumlichkeiten, in denen sich Napoleon 1809 aufgehalten hatte. Die Neuankömmlinge gaben bald Anlass zu Tratsch und Unmut. Nicht nur, dass sich die Bediensteten des Wiener Hofs über das Verhalten ihrer französischen Kollegen mokierten, die an ihrer Art festhielten, sich zu kleiden, zu speisen und aufzutreten. Auch die kaiserliche Familie hatte Grund, pikiert die Augenbrauen hochzuziehen: Marie Louise benahm sich, als sei sie immer noch die Kaiserin von Frankreich. Sie führte die glanzvolle, ja protzige Hofführung fort, an die sie sich in Paris gewöhnt hatte, rümpfte die Nase über die Wiener Küche und gab sich arrogant und herablassend. Und nicht nur das, sie schien auch ihre Lage vollkommen falsch einzuschätzen. Kaiserin Maria Ludovica, die ihr längst nicht mehr wohlgesonnen war, weil sie annahm, dass sie immer noch Gefühle für den »Erzfeind« hatte, warf ihr vor, sie benehme sich wie auf einer »Lustreise«. Auch Eleonore Metternich stieß in dieses Horn. Marie Louise führe sich so kindisch auf wie ein zwölfjähriges Mädchen und gebe sich, als habe sie alles Vergangene vergessen. Dass sie angesichts ihrer Situation nichts als Vergnügungen im Kopf habe und sich stets lustig und vergnügt gab, fiel ebenso negativ auf, wie dass sie sich um ihren Sohn höchstens eine Viertelstunde täglich kümmerte.

An Napoleon schrieb Marie Louise von Wien aus zahlreiche Briefe. Sie gab ihm zu verstehen, dass es ihr keine Freude bereitet habe, ihre Familie wiederzusehen und dass sie ihr gegenüber gleichgültig geworden sei. Sie werde alles daransetzen, ihn zu besuchen, sobald sich die Möglichkeit dazu ergebe, und bitte ihn, in dem kleinen Landhaus, das er sich bauen lasse, eine kleine Wohnung für sie zu reservieren. Anstrengungen irgendwelcher Art, an die Seite ihres Ehemanns zu gelangen, unternahm sie jedoch nicht. Das nahm ihr sogar Großmutter Maria Karolina übel, immerhin die erbittertste Feindin Napoleons. Wäre sie an ihrer Stelle, schimpfte sie, hätte sie ihre Betttücher zusammengeknotet, an ein Fensterkreuz gebunden und wäre ausgerissen, zu ihrem Ehemann, an dessen Seite eine Ehefrau gehöre.

Dass die Ex-Kaiserin, die in Paris immerhin vier Jahre lang zwar die Intrigen des Napoleon-Clans ertragen, andererseits aber Glanz, Prunk und verfeinerte Lebensart in Reinkultur genossen hatte, des vergleichsweise bescheidenen und langweiligen Wiener Hofs bald überdrüssig wurde, lag auf der Hand. Sie suchte nach Möglichkeiten, Wien verlassen zu können. Ein Kuraufenthalt schien ihr dafür die geeignete Gelegenheit. Sie schlug einen Aufenthalt in Aix in Savoyen vor, das für seine heilenden Schwefelquellen berühmt war.

Das Kaiserhaus zögerte lange, ihr diesen Wunsch zu erfüllen. Aix-les-Bains lag in den französischen Alpen am Lac du Bourget, von dort war es nicht weit zur Ligurischen Küste – und nach Elba. Plante sie etwa, zu Napoleon zu gelangen? Und würde dieser Aufenthalt in einem französischen Randgebiet nicht zu Missstimmigkeiten mit Frankreich führen, mit dem erst vor wenigen Wochen in Paris Frieden geschlossen worden war? Frankreich war wieder zu einem von einem Bourbonen, von Ludwig XVIII., regierten Königreich geworden. Könnte es Österreich nicht unterstellen, es versuche, die Regentschaft der Habsburgerin doch noch durchzusetzen?

Kaiser Franz versuchte, seiner Tochter stattdessen eine Kur in Karlsbad ans Herz zu legen. Es gehöre zu Österreich, sei näher zu Wien und habe doch auch gute Heilquellen. Vergebens. Marie Louise bestand auf Aix in Savoyen. Schließlich gab der Kaiser doch nach. Er erlaubte ihr Anfang Juli, abzureisen, verlangte aber, dass ihr Sohn als Pfand in Wien zurückblieb. Und dass während des Kuraufenthaltes ein verlässlicher Mann an ihrer Seite war, der für ihre Sicherheit sorgte und, ganz nebenbei, jeden ihrer Schritte überwachte.

Ein General als Reisebegleiter

Die Wahl fiel auf General Graf Adam Albert von Neipperg. 39 Jahre alt, aus einem wohlhabenden Adelsgeschlecht aus Franken stammend, war er eine außergewöhnliche Erscheinung und hatte sich gerade zu diesem Zeitpunkt um Österreich höchst verdient gemacht. Neipperg war schon im Alter von 15 Jahren als Husar ins österreichische Heer eingetreten und hatte sich von Anfang an durch Mut und Draufgängertum ausgezeichnet. 1794, im Kampf gegen die Revolutionstruppen in den Niederlanden, spaltete ihm der Säbelhieb eines Feindes das Gesicht. Er verlor sein rechtes Auge und trug fortan über der ständig schmerzenden, nie richtig verheilenden Wunde eine schwarze Augenklappe. Zwischen 1796 und 1801 kämpfte er immer wieder gegen Napoleon, bewährte sich in Italien, vor Mantua, in Tirol, Marengo und am Mincio. Zwei Jahre lang hatte er als österreichischer Gesandter am schwedischen Hof Gelegenheit, sein diplomatisches Geschick zu beweisen. Immerhin war er es, der

Graf Adam Albert von Neipperg, ein Haudegen, Draufgänger und bei den
Damen beliebter Charmeur. Seiner schwarzen Augenklappe verdankte er den
Beinamen »Blinder Amor«.

den Regenten, Exmarschall Bernadotte, dazu bewegen konnte,
sich der Koalition gegen Napoleon anzuschließen. 1813 kehrte er
auf das Schlachtfeld zurück, focht an der Spitze seiner Brigade

im Befreiungskrieg gegen Napoleon und bewährte sich auch in der Völkerschlacht bei Leipzig. So sehr, dass er zum Feldmarschallleutnant befördert, mit dem Kommandeurkreuz des Maria-Theresia-Ordens ausgezeichnet und überdies damit beauftragt wurde, die Nachricht vom Sieg nach Wien zu bringen.

Wie groß das Vertrauen in die Fähigkeiten dieses Mannes war, zeigte sich Ende 1813. Kaiser Franz I. entsandte Neipperg in diplomatischer Mission nach Neapel. Seine Aufgabe war heikel. Es ging um nichts weniger, als König Murat von Neapel dazu zu bewegen, von Napoleon abzufallen, und der war immerhin sein Schwager. Tatsächlich gelang es Neipperg, mit König Murat im Januar 1814 einen Allianzvertrag zu schließen. Murat verpflichtete sich, die Alliierten mit 30 000 Mann zu unterstützen, und erhielt im Gegenzug die Anerkennung seiner Herrschaft durch England und Österreich zugesichert. Bei Eugène de Beauharnais, dem Vizekönig von Italien, allerdings hatte er in ähnlicher Mission weniger Glück, dieser ließ sich nicht überreden.

Im Juni 1814 war Neipperg das Kommando über eine Division in Pavia übertragen worden. Schon allein diese Position ließ ihn in den Augen des Kaisers als bestens geeignet erscheinen, Marie Louise zu begleiten und zu bewachen. Sollte es durch die Anwesenheit der Ex-Kaiserin von Frankreich in Aix und Umgebung tatsächlich zu Unruhen kommen, war er wohl der richtige Mann, um für Ordnung zu sorgen.

Was der Kaiser nicht bedachte, war etwas ganz anderes: Marie Louise war eine sinnlichen Freuden überaus aufgeschlossene Frau, ja unter vorgehaltener Hand wurde sie sogar oft als »erotoman« bezeichnet. Und Neipperg war ein Mann, der auf Frauen zu wirken wusste. Der »Bayard allemand«, der Ritter ohne Furcht und Tadel, wie ihn Madame de Staël einmal genannt hatte, bestach durch sein entschlossenes Auftreten, hatte Charme, und die schwarze Augenklappe unterstrich seine Männlichkeit nicht nur, sie verlieh ihm auch die Aura eines unbezwingbaren Abenteurers – und der konnten die wenigsten widerstehen. Therese Raimondini, eine geborene Gräfin Pola de Treviso, hatte sich ihm zuliebe von ihrem ersten Mann scheiden lassen, mit ihr war er verheiratet. Das Paar hatte vier Söhne, der jüngste war 1813 zur Welt gekommen.

Für die Klatschmäuler am Wiener Hof war die Entscheidung des Kaisers Öl ins Feuer. Dahinter stecke der teuflische Plan Metternichs, Marie Louise einen »erprobten Don Juan« zur Seite zu geben, wurde sogleich gemunkelt. Davon bekam Marie Louise vermutlich nichts mit, als sie am 29. Juni 1814 inkognito, unter dem Namen Herzogin von Colorno, mit ihrem 33 Personen zählenden Gefolge Richtung Aix abreiste. Zur Pflege ihrer Gesundheit, wie die Zeitungen meldeten.

Napoleon wartet vergeblich

In Aix-les-Bains bezog Marie Louise die Villa Chevalley. Hoch über dem Ort gelegen, bot sie einen herrlichen Blick über den See und garantierte mit ihrem großen, von alten Platanen bestandenen Park geruhsame Stunden. Sie hatte allerdings einen Schönheitsfehler: Die Villa hatte Napoleons erster Gattin Joséphine als Sommerresidenz gedient und zuvor Napoleons Schwester Hortense als Liebesnest mit ihrem Liebhaber Charles de Flahaut. Die Erinnerung an Napoleon war also allgegenwärtig. Und auch an Kontakten zu ihrem Ehemann mangelte es nicht: Marie Louise stand in engem Briefkontakt mit ihm, sie klagte über »diese grausame Trennung«, er antwortete ihr, er sehne sich nach ihr und ihrem Sohn und erwarte ihren Besuch. Zu seinem 45. Geburtstag am 15. August musste er sich mit einer Haarlocke begnügen, die ihm seine Gattin in einem Brief sandte. Auf ihren Besuch wartete er vergeblich.

Marie Louise genoss indes ihren Kuraufenthalt. Sie badete regelmäßig in den Schwefelquellen, ging viel spazieren, unternahm kurze Ausritte und ließ sich auch über den See zur Abbaye de Hautecombe rudern. Ihrer Jugendfreundin Victoire de Poutet schrieb sie, es gehe ihr gut, sie habe auch einen treuen Bewacher. Er marschiere immer wie ein Soldat hinter ihr her und habe große Angst, sie aus den Augen zu verlieren. Das war Graf Neipperg.

Im Verlauf des Kuraufenthaltes muss sich der Abstand zwischen der Ex-Kaiserin und ihrem Schatten verringert haben. War ihr die ständige Anwesenheit Neippergs anfangs unangenehm, ja sogar lästig gewesen, begann sie sich im Lauf der Zeit an ihn zu gewöhnen und ihn zu vermissen, wenn er ausnahmsweise einmal nicht da war. Bald fand sie in ihm den Menschen, mit dem sie die Vergnügen teilen konnte, die Ausritte, die Promenaden und das Musizieren. Er erwies sich aber auch als der kluge und erfahrene Mann, mit dem sie lange Gespräche führen konnte, über ihre augenblickliche Situation, ihre Beziehung zu Napoleon und die Aussicht auf das Herzogtum Parma. Und über die Frage, ob Napoleon ihre Anwesenheit in Elba tatsächlich ihretwegen wünschte, oder doch eher, weil er sich durch die Kaisertochter Österreichs und seinen Sohn eine Verbesserung seiner Position in der europäischen Politik erhoffte.

Neipperg war ein guter Zuhörer und ein noch besserer Ratgeber. Darüber hinaus erfüllte er seine vom Kaiser gestellte Aufgabe gewissenhaft und erstattete eifrig Bericht nach Wien. Er meldete, die Laune der Prinzessin sei immer die beste und leutseligste, sie spreche oft von Napoleon und seinen Feldzügen, empfinde ihm gegenüber große Anhänglichkeit, habe jedoch nie den Wunsch geäußert, mit ihm sein Schicksal auf der Insel zu teilen. Dadurch fielen dem Kaiser in Wien Steine vom Herzen. Noch konnte er ja nicht ahnen, dass sich da eine Beziehung anbahnte, die erst recht für Aufregung sorgen würde.

Napoleon wartete auf Elba weiter ungeduldig auf den Besuch seiner Gattin. Als sie wieder keine Anstalten machte, zu ihm zu kommen, erteilte er ihr geradezu Befehl, sich unverzüglich nach Elba zu verfügen. Das kam nicht gut an. Marie Louise teilte ihm mit, sie wolle nach Wien zurückreisen, dort werde über ihre Zukunft in Parma verhandelt – und über das Schicksal ihres Sohnes. Napoleon wurde noch deutlicher. Er erwarte sie im September, zur Weinernte, diktierte er. Und traf auch damit daneben. Marie Louise versicherte ihrem kaiserlichen Vater in Wien, sie habe nun weniger denn je die Absicht, ohne seine Einwilligung nach Elba zu gehen.

Zu diesem Entschluss hatten allerdings auch Nachrichten beigetragen, die sie über Napoleon erhalten hatte. Metternich hatte dafür gesorgt, dass sie die Berichte der österreichischen Emissäre zu lesen bekam, die Napoleon auf seinem Weg nach Elba begleitet hatten – und die waren für Marie Louise ernüchternd. Dass der Mann, dessen Prunk und Glanz sie einst fasziniert hatte, im Süden Frankreich von der aufgebrachten Bevölkerung beschimpft und bedroht worden war, dass er gezwungen war, sich zu verstecken, ja seine Haut nur retten konnte, indem er sich einmal mit einem österreichischen, dann wieder mit einem russischen Waffenrock verkleidete, um nicht erkannt zu werden, das alles schockierte sie. Ebenso wie der Bericht darüber, dass Bauern, die sich zusammengerottet hatten, um ihn zu lynchen, goldene Fünf-Frankstücke mit seinem Porträt in der Hand gehalten hatten, um ihn zu erkennen. Das alles war aber erst der Anfang.

Was Marie Louise, die immer wieder die Eifersucht des Korsen zu spüren bekommen hatte, besonders schmerzte, waren detaillierte Berichte über seine Untreue. Eindeutige Beweise wiesen darauf hin, dass er sich auf der Rückkehr von der Front nach Paris eine Geschlechtskrankheit zugezogen hatte, und das offenbar kurz vor einem erhofften, dann aber doch nicht erfolgten Treffen mit Marie Louise. Damit nicht genug, hatte er auf Elba auch noch Gräfin Walewska empfangen, jene Frau und Mutter eines gemeinsamen Sohnes, die ihn sieben Jahre lang auf seinen Kriegszügen quer durch Europa begleitet hatte, inkognito selbstverständlich. Eine Mätresse zu heiraten, war für Napoleon nicht in Frage gekommen, also hatte er sich von seiner »polnischen Frau« getrennt, ihr ein elegantes Haus samt Dienerschaft in Paris zur Verfügung gestellt und Marie Louise geheiratet. Wirklich nur aus reinem Kalkül? Diese Frage stellte sich Marie Louise immer öfter. Sollte sie einem Mann die Treue halten, der sie selbst brach und für den die Ehe mit ihr nur ein dynastisches Geschäft war?

Marie Louises große Liebe

Möglich, dass sich Marie Louise in Aix-les-Bains innerlich zur Gänze von Napoleon löste. Und dass ihr in den langen Gesprächen mit Neipperg deutlich bewusst wurde, wie sehr sie zum Opfer der Politik des Hauses Habsburg geworden war. Gut möglich aber auch, dass die nun 22-jährige, lebens- und liebeshungrige Frau zum ersten Mal den Mut und die Kraft aufbrachte, ihr Leben selbst in die Hand zu nehmen. In Neipperg hatte sie – vermutlich zum ersten Mal in ihrem Leben – einen Mann getroffen, der sie verstand und dem sie vertraute. Er hatte sich als guter Ratgeber und als treuer Freund erwiesen. Und er hatte eine erotische Ausstrahlung, die ihre Wirkung nicht verfehlte. Das blieb niemandem verborgen.

Am 5. September war Marie Louise aus Aix-les-Bains in die Schweiz abgereist. Hofdame Montebello hatte sich verabschiedet. Sie hatte genau beobachtet, was sich da anbahnte, hatte immer wieder versucht, die ihr anvertraute Ex-Kaiserin vor unüberlegten

Schritten zu warnen, aber vergebens. Jetzt zog sie es vor, sich zu verabschieden. In einem Brief an ihre Hofdame leugnete Marie Louise den Platz, den Neipperg in ihrem Herzen einnahm: »Seitdem ich Sie verließ, habe ich viele und recht mannigfaltige Gründe, Kummer zu empfinden; es gibt keine Art von Klatsch und Geschwätz, die man nicht verbreitet hätte, und obgleich ich vor Gott ein reines Gewissen habe und nichts getan, was mich erröten ließe, so ist das doch immer sehr hart.«[3]

Das sich anbahnende Liebesglück bemerkte auch Claude François Méneval, Napoleons Sekretär und Vertrauter, der in der Schweiz zu der kleinen Reisegesellschaft gestoßen war, immer in der Hoffnung, Napoleon und Marie Louise würden wieder zusammenfinden. Er schrieb an seine Frau: »Diese unglückselige Neigung zur Verstellung und Lüge hat sich bei der Kaiserin bis zum äußersten Maß entwickelt. Ich habe es zwei Monate lang nicht merken wollen. Dahin bringt jeden der Zwang, seine Handlungen verbergen zu müssen. Ich kann es Dir nicht ausdrücken, was es mich kostet, Dir ein Wesen, das uns allen ein Engel zu sein schien, in einem so ungünstigen Licht zu zeigen … Von Menschen umgeben, die sich im Pfuhl wälzen und die Unerfahrenheit und Leichtgläubigkeit dieser schwächsten aller Fürstinnen ausnützen, kann ich nichts anderes tun, als über das Unglück seufzen, das die unausbleibliche Folge sein wird …«[4]

In einem Brief an Herzogin Montebello schrieb Marie Louise zwar noch, sie habe bisher nichts getan, worüber sie erröten müsse, das habe aber weniger mit ihrem Gewissen zu tun als mit mangelnder Gelegenheit. Auf diese musste sie aber nicht mehr allzu lange warten, die Natur selbst nahm Amors Pfeile in die Hand, und zwar in der Nacht vom 25. auf den 26. September. Marie Louise hatte eine Fahrt auf dem Vierwaldstätter See unternommen und war anschließend mit Neipperg auf den Rigi gewandert. Ein plötzlich aufziehendes Unwetter zwang sie, im »Gasthof zur Goldenen Sonne« einzukehren. Man wechselte die

durchnässten Kleider und stärkte sich bei flackerndem Kerzen-
licht mit Linsensuppe mit Speck. Wenig später fand Neipperg
die Tür zum Zimmer von Marie Louise unbewacht und offen. Er
ergriff die Gelegenheit, einzutreten und ihr in der Gewitternacht
beizustehen.

Napoleons »Adlerflug«

Nach Wien kehrten Marie Louise und Neipperg als Paar zurück. Versuche, ihre Beziehung geheimzuhalten, unternahmen
sie nicht. Auch dass Neipperg ein verheirateter Mann war, kümmerte beide wenig. Fernab von der Hofburg und den Palais der
Wiener Innenstadt, in denen der Wiener Kongress tagte und
tanzte, verbrachten sie in Schönbrunn glückliche und verliebte
Tage. Das sprach sich schnell herum. Die Reaktionen fielen heftig aus. »Verrat«, wurden die Franzosen nicht müde zu schreien,
und ihre Rufe fanden auf österreichischer Seite Widerhall, diesmal weniger wegen der Untreue an dem Nationalhelden als aus
moralischen Gründen.

Ausgerechnet in dieser Zeit platzte in Wien eine weitere
Bombe. Der Papst hatte die Ehe Napoleons mit Marie Louise
nie anerkannt. Die Kaisertochter galt aus kirchlicher Sicht als
Konkubine des Korsen und ihr Sohn als Bastard. Da im Mai 1814
Joséphine verstorben war, Napoleons erste Ehefrau, bestand der
Vatikan auf Einsegnung dieser zweiten Ehe – und zwar so bald
wie möglich.

Der gute Kaiser Franz hatte aber nicht nur mit der Ablehnung dieses Gebotes der Kirche seine Not. Er hatte zur Kenntnis zu nehmen, dass aus seinem lieben, süßen »Louisl«, das sich
der Staatsräson gehorsam gebeugt hatte, eine entschlossene junge
Frau geworden war, die mit starkem Willen bereit war, für ihr

persönliches Glück zu kämpfen. Sie erinnerte ihn immer wieder an sein Versprechen, ihr das Herzogtum Parma zu übertragen. Diese Haltung war gewöhnungsbedürftig für den Kaiser. Sie verlangte ihm aber auch Respekt ab. Und führte schließlich dazu, dass er die Wünsche seiner Tochter erfüllte – wenn auch nicht gleich.

Noch war der Wiener Kongress im Gange, da verbreitete sich in Wien die Nachricht, Napoleon habe Elba verlassen und sei am 1. März 1815 im französischen Antibes gelandet. In Hochspannung wurde seine später als »Adlerflug« bezeichnete Rückkehr an die Macht verfolgt. Nicht zuletzt, weil er Marie Louise aufgefordert hatte, mit seinem Sohn nach Straßburg zu kommen. Marie Louise ließ seine Briefe unbeantwortet – und verkündete, sie wolle lieber ins Kloster gehen als zurück nach Frankreich. Alles, wonach sie sich sehnte, war ihr Refugium in Parma.

In den folgenden Wochen kündigte Napoleon weitgreifende Reformen an und versicherte den Staaten Europas, er werde den Frieden von Paris anerkennen und die 1792 gezogenen Grenzen Frankreichs nicht mehr überschreiten. Die Alliierten schenkten ihm keinen Glauben. Sie waren nicht bereit, Napoleons neue Herrschaft anzuerkennen und begannen in fieberhafter Eile, eine Armee aufzustellen. Am 18. Juni 1815 kam es schließlich zur Entscheidungsschlacht. Napoleon erlebte sein Waterloo, er kehrte nach Paris zurück und dankte am 22. Juni 1815 endgültig ab – zugunsten seines Sohnes Napoleon II. Die Alliierten lehnten letzteres rundweg ab, sie sorgten dafür, dass Ludwig XVIII., der sich rechtzeitig vor Napoleons Ankunft abgesetzt hatte, auf den Thron zurückkehrte – womit für Marie Louise das Thema Regentschaft ein für allemal vom Tisch war.

Gute Jahre in Parma

Neipperg hätte alle Chancen gehabt, eine glänzende Karriere zu machen, als Generalstabschef der österreichischen Armee zum Beispiel oder als hoch geschätzter Diplomat des Kaiserhauses. Er verzichtete auf alles und entschloss sich für Marie Louise, zu deren Oberstallmeister ihn der Kaiser am 29. März 1815 ernannt hatte. Ein friedliches Privatleben aber war noch nicht in Sicht. Anfang April musste Neipperg als Korpskommandant nach Italien: Murat, der König von Neapel, hatte flugs nach Napoleons Rückkehr wieder die Seiten gewechselt und österreichische Truppen angegriffen. Neipperg schlug seine Armee in zwei Schlachten. Murat floh vorerst nach Frankreich und ging dann nach Korsika. Sein Versuch, seinen Thron in Neapel zu retten, schlug fehl. Er wurde gefangen genommen und standrechtlich erschossen.

Nach unendlichem Tauziehen, zahllosen Intrigen und nachdem sich Neipperg für sie heftig ins Zeug gelegt hatte, wurde Marie Louise auf dem Wiener Kongress endlich ihr ersehntes Herzogtum Parma zugesprochen, dazu die Herzogtümer Piacenza und Guastalla, allerdings nur auf Lebenszeit. Ihr Sohn hatte in Wien zurückzubleiben, ihm war es nicht gestattet, Prinz von Parma zu werden, das Kaiserhaus wollte den Sohn Napoleons auf keinen Fall auf einem Thron sehen, und sei dieser Thron auch noch so klein und unbedeutend. Marie Louises Sohn wurde später zum Herzog von Reichstadt erklärt.

Napoleon hatte mittlerweile versucht, nach Amerika zu emigrieren oder nach England ins Exil gehen zu können. Beides war ihm nicht gelungen. Die Alliierten hatten beschlossen, ihn auf die Insel St. Helena im Südatlantik zu verbannen. Dort traf er im Oktober 1815 ein. Acht Wochen später, an ihrem 24. Geburtstag, konnte dagegen Marie Louise in Wien ihren Geliebten in die Arme schließen: Graf Neipperg war aus Italien zurückgekehrt.

MARIA LUIGIA

In Parma entwickelte sich Marie Louise zu einer umsichtigen
Landesmutter, die Kontakt mit der Bevölkerung pflegte und sich
um ihre Probleme kümmerte. Sie wurde liebevoll »Maria Luigia«
genannt, »La buona duchessa«.

In Parma hielt Marie Louise im Frühjahr 1816 Einzug. Die
Bevölkerung des zu jenem Zeitpunkt bitterarmen, durch Revo-
lutionen, Kriege und Missernten schwer in Mitleidenschaft gezogenen, herabgewirtschafteten Landes, begrüßte sie enthusiastisch, mit Glockengeläut, Huldigungen und Jubelkundgebungen.

Dass sie für Regierungsgeschäfte nicht erzogen und ihnen auch nicht gewachsen war, spielte keine Rolle. Diese Aufgabe übernahm Graf Neipperg – und hatte sich dabei strikte an die Direktiven Metternichs aus Wien zu halten, schließlich war das Herzogtum so etwas wie eine habsburgische Dependance.

Die Zeit, in der Marie Louise in Parma regierte und Graf Neipperg ihr tatkräftig zur Seite stand, waren gute Jahre für das Land. Nach und nach erholte sich die Landwirtschaft, Handel und Gewerbe belebten sich, und regionale Produkte wie Schinken und Käse, Wolle und Rohseide fanden Absatz. Das Paar lebte im Palazzo Ducale und verfügte zusätzlich über einige Landvillen. Für Repräsentationszwecke stand der Herzogspalast von Colorno zur Verfügung. Marie Louise erwies sich als gute Landesmutter. Sie hatte Kontakt mit den Menschen und nahm sich ihrer Probleme an. Das machte die bald liebevoll »Luigia« und »La buona duchessa« genannte Marie Louise zu einer beliebten und verehrten Fürstin.

In Parma hatte sich schon einmal eine österreichische Kaisertochter über alle Konventionen und Regeln hinweggesetzt. Auch Maria Amalia, die Tochter von Maria Theresia, war zum Opfer der habsburgischen Heiratspolitik geworden. Nach dem österreichischen Erbfolgekrieg 1748 war Parma an Spanien abgetreten worden, seither regierten dort Bourbonen. Um die Beziehungen zu ihnen zu verbessern, war Maria Amalia mit dem erst 17-jährigen Ferdinand von Parma verheiratet worden, einem halben Kind. Das junge Paar sorgte bald nur noch für Skandale, brüskierte den spanischen Statthalter, warf das Geld zum Fenster hinaus und kümmerte sich nicht einen Deut um die Etikette. Maria Amalia erkundete, völlig undenkbar für eine Erzherzogin, barfuß die Stadt, unternahm lange Ausritte und richtete – noch unerhörter zur damaligen Zeit – im Palast eine Anlaufstelle für Bedürftige ein. Maria Theresia in Wien rang die Hände, schließlich brach sie sogar den Briefverkehr mit dem »Fratz in Parma« ab.

Napoleons unglücklicher Sohn, der Herzog von Reichstadt.
Er wuchs am Wiener Kaiserhof auf und hatte nur selten Gelegenheit, seine Mutter zu sehen. Mit nur 21 Jahren erlag er in Schönbrunn der Tuberkulose.

Marie Louise schlug zwar nicht ganz so arg über die Stränge
wie ihre Großtante, aber einst zu allem gezwungen, was sie nicht
wollte, erzwang sie jetzt alles, was sie wollte. Und das war in erster Linie Liebe. Graf Neipperg erwies sich als idealer Partner. Er
musste zwar in Kauf nehmen, dass ihm, dem der Kaisertochter
nicht Ebenbürtigen, bei Aufenthalten in Wien der kalte Wind

der Verachtung entgegenblies. Zurück in Parma waren Groll und Ärger dann aber jedes Mal bald wieder vergessen.

Die Liebe des ungleichen Paares blieb nicht ohne Folgen. 1817 wurde ein Mädchen geboren, Albertine, 1819 (andere Quellen nennen als Geburtsdatum 1821) folgte ein Knabe, Wilhelm. Zu dieser Zeit war Napoleon noch am Leben und – Anerkennung des Vatikans hin oder her – Marie Louise war mit ihm immer noch verheiratet. Weil nicht sein konnte, was nicht sein durfte, wurde über die Kinder aus dem illegitimen Verhältnis der Mantel des Schweigens gebreitet. Sie durften auch nicht bei ihren Eltern aufwachsen, sondern wurden einem Arzt, Dr. Rossi, in Pflege gegeben. Dort besuchte Marie Louise sie in aller Heimlichkeit. Und das bereitete ihr ebenso großen Kummer wie die Trennung von ihrem Sohn in Wien. Den Herzog von Reichstadt durfte sie insgesamt nur sechsmal besuchen, sie war allerdings an jenem 22. Juli 1832 an seiner Seite, als er, erst 21-jährig, in Schönbrunn an Lungentuberkulose starb, nachdem er noch gehaucht hatte: »Meine Mutter rufen, meine Mutter rufen!« – und das in dem Raum, den sein Vater Napoleon 1809 nach seinem Einmarsch in Wien bewohnt hatte.

Am 5. Mai 1821 starb Napoleon auf St. Helena. Jetzt endlich konnte Marie Louise ihre Beziehung zu Neipperg legalisieren, dessen Frau 1815 verstorben war. Sie trat mit ihm am 8. August 1821 vor den Traualtar. Ohne jedes Aufsehen, still und leise, schloss das ungleiche Paar eine morganatische Ehe. Der Wiener Hof war zwar informiert, reagierte auf die Peinlichkeit aber mit elegantem Stillschweigen.

Marie Louise und Neipperg waren noch acht gute Jahre vergönnt, die sie friedlich und in trautem Familienkreis verbrachten. Ihre Kinder lebten jetzt, betreut von Gouvernanten, in einem Gartenhaus des Schlossparks. Marie Louise konnte sie auch tagsüber sehen, und die Abende verbrachten oft alle zusammen bei Hausmusik im Bibliothekszimmer des Schlosses. Den Kindern wurden die neu geschaffenen Titel Graf und Gräfin Montenuovo verliehen, eine italienische Form von Neuberg, also Neipperg. Kaiser Franz II./I. erkannte seine illegitimen Enkelkinder Jahre später an, nachdem Marie Louise ein schriftliches Geständnis über die Geburt der Kinder abgelegt hatte, das der Kaiser sofort zu den geheimen Akten legen ließ. Albertine heiratete später den Kammerherrn von Marie Louise, General Luigi de Sanvitale, aus der Ehe gingen vier Kinder hervor. Wilhelm trat 1838 in die österreichische Armee ein, stieg die Karriereleiter rasch hoch und brachte es bis zum General. Sein Enkel war später unter Kaiser Franz Joseph Protokollchef am Wiener Kaiserhof, seine Aufgabe war es, den Ablauf der Ereignisse nach dem Attentat auf Thronfolger Franz Ferdinand und seine Gattin zu organisieren.

Neippergs Tod und Marie Louises dritte Ehe

Im Februar 1829 traf Marie Louise ein weiterer schwerer Schicksalsschlag. Graf Neipperg erlag dem Herzleiden, an dem er schon länger laboriert hatte. Hatte sie über den Tod Napoleons kaum eine Träne vergossen, war sie diesmal tief erschüttert – und durfte ihren Schmerz nicht einmal zeigen. Neipperg war ihr nur »zur linken Hand« vermählt, das Protokoll erlaubte ihr daher nicht, offiziell Trauer anzulegen. Dass Marie Louise ihrem geliebten Gatten in Parma ein ehrenvolles Grabmal errichten ließ, konnte der Hof in Wien allerdings nicht verhindern. Ebenso wenig, dass er der Nachwelt positiv in Erinnerung blieb. Der Biograph Constantin Wurzbach zollt ihm in seinem Biographischen Lexikon Österreichs höchstes Lob: »Neipperg, dessen edel und vornehm entwickelter Charakter das Herz Aller zu gewinnen wußte, vereinte die trefflichsten militärischen Eigenschaften mit vorzüglichen, staatsmännischen Gaben; taktisch-strategische Sicherheit, rasche Conceptionsbefähigung, Gleichmuth im Glück und Unglück, Festigkeit und Klugheit in allen Lagen des Lebens, Sprachkenntnisse, einnehmendes Benehmen, vor allem aber Treue zum Monarchen und Liebe zum Vaterlande lenkten und unterstützten jede seiner Handlungen.«[5]

Der Tod Neippergs riss Marie Louise in eine tiefe Verzweiflung. Plötzlich fehlte die beruhigende, beschwichtigende Hand, die sie geleitet und geführt hatte. Und plötzlich brachen alle Dämme, die ihre »pathologisch physische Veranlagung«, wie sie Zeitgenossen nannten, gezügelt hatten. Der sexuelle Appetit der Herzogin war größer denn je, ja er schien mit zunehmendem Alter noch zu wachsen. Und Marie Louise dachte nicht daran, sich zurückzuhalten. Sie nahm, was ihr gefiel. Den jungen Tenor Jules Lecomte zum Beispiel, der sie im Palazzo Ducale mit seiner Stimme begeistert hatte. Biograph Franz Herre schreibt: »Auf Flügeln des Gesangs entschwebte Maria Luigia oft dem Tal irdischer Dissonanzen, und einmal ließ sie sich von einem Sänger in den Venusberg entführen.«[6]

Lecomte blieb mehrere Monate in Parma. Dank seiner Indiskretionen erfuhr die Welt, wie die intimsten Gemächer im Palast ausgestattet waren. Aber nicht nur das: In einem Brief an seinen Verleger schrieb er: »Ja … ich bin der Nachfolger von Napoleon. Sie bemerken es nicht in den Tuilerien, aber ich bemerke es in Parma. Ich habe vor Marie Louise gesungen. Sie hat mich zum Souper behalten. Das Souper dauerte die ganze Nacht. Und als ich am Morgen erwachte, konnte ich mir einbilden, ich sei der Kaiser.« Damit nicht genug, prahlte er weiter: »Marie Luise hat den Kaiser nicht geliebt, aber sie betet Jules Lecomte an. Die Kammerherren sprechen mit ihm in der dritten Person. ›Will der Herr Graf dies tun, will der Herr Graf das tun?‹ Ein bedeutungsvoller Name. Aber es gibt im Schlosse nur einen Willen, das ist der Marie Luises.« Auch mit einem Geistesblitz hielt er nicht hinter dem Berg: »Auf ihren Grabstein müsse man schreiben:

›Hier ruht die, welche mit einem Kaiser begann und mit einem Tenor endete.‹«[7]

Marie Louise bediente sich aber auch an ihrer nächsten Umgebung. Eine Zeit lang nahm sie die Dienste ihres Koches namens Rousseau in Anspruch, den sie allerdings vor dem übrigen Personal immer wieder bloßstellte, indem sie sich über seine Menüvorschläge mokierte. Später kamen diverse männliche Hausangestellte an die Reihe und auch Erzieher ihrer Kinder wie – besonders pikant – ihr Kammerherr Luigi Sanvitale. Ihn soll sie später mit ihrer Tochter Albertine verheiratet haben, um ihn in ihrer Nähe zu behalten.

Etwas Ruhe kehrte in das Leben der Frau mit dem leicht entzündbaren Herzen, wie sie später von Biographen genannt wurde, ein, als Metternich 1833 einen neuen Obersthofmeister und Minister nach Parma entsandte, Graf Charles-René de Bombelles. Ihm eilte zwar der Ruf eines Glücksritters und Mitgiftjägers voraus, Metternich aber vertraute auf seine reaktionäre Gesinnung. Und darauf, dass er im Herzogtum Parma, in das aus Frankreich kommend progressive Ideen einzusickern drohten, Ordnung schaffen würde. Bombelles verfügte, wenn auch abgeschwächt, über Eigenschaften Neippergs. Auch er war ein Militär mit rauer Schale und zugleich ein Charmeur. Das wirkte auf die Frau, die nicht ohne Liebe sein konnte. Marie Louise bedankte sich sogleich in überschwänglichen Worten bei ihrem Vater: »Ich kann Ihnen nicht genug, liebster Papa, für die Wahl des Grafen Bombelles meine Erkenntnis bezeigen. Keinen besseren Obersthofmeister hätte ich in keiner Beziehung haben können.« Drei Monate später brannte es lichterloh in ihrem Herzen, wie sie es einem Vertrauten durch die Blume anvertraute: »Ich beglückwünsche mich täglich mehr zu der Wahl, die wir mit Graf Bombelles getroffen haben; er ist ein wahrer Heiliger und ein so angenehmer Gesellschafter.«[8]

Über die Art, wie die Heirat zustande gekommen ist, sind

keine Hinweise erhalten. Und weitere Herzensergüsse in Briefen gibt es auch nicht. Tatsache ist, dass Marie Louise mit Bombelles eine letzte, ebenfalls morganatische Ehe schloss. In Wien schüttelte man – wieder einmal – den Kopf. Der letzte Ehemann von Marie Louise erschien letztklassig. »Auch Marie Louise schien dies bald wahrgenommen zu haben; denn der Fünfziger erwies sich als schwunglos und langweilig. Napoleon hatte sie respektiert, Neipperg geliebt; Bombelles, der dritte Mann, war und blieb dritte Wahl. Dem Vater in Wien, dem sie den zweiten morganatischen Schwiegersohn zugemutet hatte, täuschte sie, um seinen Gram zu mindern, Glück und Zufriedenheit vor.«[9]

In der Zeit mit Bombelles wurde Marie Louise dennoch zu der umsichtigen, fürsorglichen Landesmutter, als die sie auch heute noch in Erinnerung ist. Zum neuerlichen Erblühen allerdings scheint sie Bombelles nicht gebracht zu haben. Die schweren Schicksalsschläge und der leichte Lebenswandel hatten sie vor der Zeit altern lassen. Ein Schriftsteller, der 1845 Parma besuchte, notierte, er habe nie eine Dame von größerer Hässlichkeit gesehen. Ihre hohe Figur sei von unbeschreiblicher Magerkeit gewesen, die Züge schlaff und tief gefurcht, die großen, etwas geröteten Augen müde blickend, der fast zahnlose Mund durch die herabhängende Lippe entstellt. Zu diesem Zeitpunkt war Marie Louise erst 54 Jahre alt.

In den letzten Jahren ihres Lebens waren Marie Louise kaum Ruhe und Friede gegönnt. Die Nationalbewegung Italiens, das Risorgimento, warf ihre Schatten voraus, es galt zu befürchten, dass die Truppen des Königs von Sardinien-Piemont, der sich an die Spitze der Bewegung gestellt hatte, vor den Grenzen des Herzogtums Parma nicht Halt machen würden. Dazu kam, dass sich der Gesundheitszustand der Herzogin verschlechterte und bald auch die Schwefel- und Solebäder, die sie oft und gerne bei Kuren in Ischl nahm, kaum mehr Wirkung zeigten. Anfang Dezember 1847 erkrankte sie an einer Brustfellentzündung, von der

Graf Charles-René de Bombelles, der dritte Ehemann. Keinesfalls ebenbürtig und von hohen adeligen Kreisen nur mit Kopfschütteln bedacht, entfachte er bei Marie Louise nur ein Strohfeuer.

sie sich nicht mehr erholte. Sie starb am 17. Dezember 1847 im Kreise ihrer Kinder und Enkel – nachdem sie die Worte »adio amici miei« gehaucht hatte.

An der Seite ihres geliebten Grafen Neipperg konnte sie nicht beigesetzt werden. Das Protokoll forderte, dass der Leichnam der Habsburgerin nach Wien gebracht und in der Kapuzinergruft beigesetzt wurde.

Erzherzog Johann und Anna Plochl

(20. Januar 1782–11. Mai 1859,
6. Januar 1804–4. August 1885)

Der Erzherzog und die Ausseer Postmeisterstochter: Er der Rebell im Hause Habsburg, dem Etikette, eitles Treiben und Standesdünkel ein Gräuel waren, sie genau das Mädchen aus dem Volk, das er sich er-träumt hatte. Eine solche Verbindung war im Kaiserhaus nicht er-wünscht, noch dazu in Zeiten sozialer Umbrüche. Es reagierte mit Ablehnung, Ächtung und Bespitzelung. Das Paar musste zehn Jahre warten, bis es den Bund der Ehe endlich schließen konnte. Dann aber wurde ihre Liebe, die allen Widerständen getrotzt hatte, zum Mythos.

Eine spartanische Kindheit

Um kaum eine andere Liebesgeschichte haben sich im Laufe der Zeit so viele Legenden gerankt wie um die Beziehung zwischen Erzherzog Johann, der hochgestellten Persönlichkeit aus dem Kaiserhaus, und der blutjungen, einfachen Postmeisterstochter Anna Plochl aus Aussee. Das lag nicht nur daran, dass es sich um eine Herz ergreifende Romanze zwischen zwei Menschen aus unterschiedlichen Gesellschaftsschichten handelte, sondern auch daran, dass sie politischen Zündstoff enthielt. Johann, der ent-schiedene Aufklärer und Visionär, bewies in Zeiten des aufkei-menden sozialen Bewusstseins Volksnähe. Und das widerstrebte dem reaktionären Kaiserhof, in dem Kanzler Metternich nach und nach an Macht gewann. So wurde Erzherzog Johann zum erklärten Gegner, ja geradezu zum Feindbild im Haus Habsburg. Die Liebesgeschichte, die den Standesunterschieden trotzte, geriet zum Skandal. Und gegen das Paar wurde unermüdlich Material gesammelt – nicht zuletzt durch Intrigen und gezielte Verdrehung der Tatsachen.

Geboren wurde Erzherzog Johann am 20. Januar 1782 im Palazzo Pitti in Florenz. Er war das 13. von insgesamt 16 Kindern von Leopold, Großherzog von Toskana, und seiner Gattin Ludovica von Spanien. Leopold, genannt Großherzog Pietro Leopoldo, ein Sohn Maria Theresias, regierte in der Toskana mit großer Güte, Menschlichkeit und Offenheit und war seiner Zeit weit voraus: Höchst erstaunlich in jenen Tagen, zeigte er großes Interesse an den Naturwissenschaften, an Physik, Naturgeschichte und Landwirtschaft und besaß sogar ein eigenes Labor, in dem er an diversen Geräten physikalische Experimente vornahm. Seine Kinderschar erzog er, angeleitet von Maria Theresia aus Wien, ohne jeden Luxus und Überfluss bescheiden, ja nahezu spartanisch. So bestand die Ernährung der Kinder bis zu ihrem sechsten Lebensjahr nur aus Suppen, Gemüse, Obst und Brot, erst danach durften sie Fleisch essen. Mehlspeisen und Süßigkeiten bekamen sie nie zu sehen, Bekleidung und Haarschnitt war genau nach ihrem Alter festgelegt.

Großherzog Leopold hatte Kontakt zu dem Schweizer Pädagogen und Sozialreformer Johann Heinrich Pestalozzi, dem großen Vordenker in Erziehungsfragen. Angeregt durch ihn legte er bei der Erziehung seiner Kinder den Schwerpunkt auf praktisches Wissen, Sprachfertigkeit und Herzensbildung. Gruselmärchen und Hexengeschichten waren verpönt, die Kinder hatten mit allen Menschen in ihrer Umgebung gleich zu verkehren, sie durften keinem den Vorzug geben, und Standesdünkel wurden nicht geduldet. Was für die Kinder galt, praktizierte der Großherzog auch selbst. Ganz in diesem Sinne wählte er als Taufpaten

Erzherzog Johann als Kind. Als 13. von 16 Kindern des Großher-
zogs Leopold und seiner Gattin Ludovica von Spanien im Palazzo
Pitti in Florenz geboren, erlebte er eine Kindheit ohne Prunk und
Glanz.

für seinen Sohn Johann nicht einen hochgestellten Angehörigen
des Hochadels, sondern einen Pflegling des Armenhauses von
Florenz und einen unbekannten Kapuzinerpater.

Viel Zeit, mit seinen Geschwistern im Boboli-Park herum-
zutollen, blieb Johann nicht. Als er acht Jahre alt war, bereits
perfekt Italienisch und Französisch sprach (seit seinem fünften
Lebensjahr war er auch in Deutsch unterrichtet worden), starb in
Wien Kaiser Joseph II. Großherzog Leopold folgte ihm als Leo-

pold II. auf den Thron nach. Für die ganze Familie – die Geliebte des Großherzogs inklusive – bedeutete das die Übersiedlung von Florenz nach Wien, an den Kaiserhof, an dem Johanns ältester Bruder Franz bereits seit 1784 seine strenge Erziehung als »Kaiserlehrling« absolvierte.

Zwei Jahre später, 1792, veränderte sich Johanns Lebenssituation abermals dramatisch. Sein Vater, Kaiser Leopold II., starb plötzlich und unerwartet, zehn Wochen später folgte ihm Maria Ludovica in den Tod. Für Franz hieß dies, dass er – viel zu jung und viel zu früh – zum König von Ungarn und Böhmen, zum Herrn über die Länder der Habsburger Monarchie und zum Römischen Kaiser aufstieg. Johann und seine Geschwister, die innerhalb kürzester Zeit zu Vollwaisen geworden waren, blieben Erziehern überlassen.

Gerade die Erzieher waren es, die Johanns Gedankenwelt prägten und die ihn lehrten, mit dem Kopf und mit dem Herzen zu denken. Allen voran gab, wie der Erzherzog später dankbar schrieb, Graf Mottet, ein gebürtiger Schweizer und Hauptmann im Ingenieurscorps, »meinem Herzen die wahre Richtung«. Er machte Johann mit dem Gedanken vertraut, dass nur der natürliche Mensch der bessere Mensch sei. Sein Verdienst war es, seine Neigung zum einfachen, zum ungekünstelten Leben zu wecken, das im krassen Gegensatz stand zum lauten und eitlen Treiben und den Vergnügungen der großen Welt. Der Historiker Johannes von Müller wiederum verstand es, ihn für Geschichte, Botanik, Mineralogie, Geologie, Wirtschafts-, Berg- und Hüttenkunde zu interessieren. Er war es, der ihn zum genauen Beobachten anleitete, zum rationellem Analysieren und Abfassen exakter Aufzeichnungen und Berichte. All diesen Themen konnte Johann sich jedoch – noch – nicht widmen.

Militärische Karriere

Napoleon brauste wie eine alles mitreißende Sturmflut über Europa hinweg. Seine rasanten Eroberungszüge rissen auch Erzherzog Johann aus seiner Bahn. Kaiser Franz II. hatte dem erst 18-Jährigen die Stellung eines Armeekommandanten übertragen, und dieser, seiner Aufgabe kaum gewachsen, erlebte die schwere Niederlage bei Hohenlinden in Bayern – ein Trauma, das ihn sein Leben lang nicht mehr losließ. Johann gab den Befehl an seinen Bruder Karl ab, danach ernannte ihn der Kaiser 1801 zum Generaldirektor des Genie- und Fortifikationswesens. In dieser Funktion hatte er in Tirol Gebirgspässe, Festungen und Brücken zu inspizieren. Er unternahm Erkundungsreisen kreuz und quer durch die Tiroler Bergwelt bis in entlegene Seitentäler und entwickelte eine tiefe und unerschütterliche Liebe zu dem Land und seinen Bewohnern. Sein genau ausgearbeiteter Plan, wie der gesamte Alpenbogen bis hin zur Adria durch Forts und Sperren zu sichern sei, wurde nicht realisiert – der von Geldmangel, Interesselosigkeit und Schlendrian geprägte Kaiserhof in Wien erkannte die Wichtigkeit dieses Projektes nicht.

1804 erhielt Erzherzog Johann Befehl, den Tiroler Landsturm aufzubauen. Er lernte Andreas Hofer kennen und schätzen, den damals 34-jährigen, nach seinem Südtiroler Geburts- und Gasthaus benannten »Sandwirt«, und organisierte mit uneingeschränkter Vollmacht des Kaisers das Verteidigungswesen in Tirol. Als 1805 nach dem Frieden von Pressburg Tirol und Vorarlberg an Bayern abgetreten wurden und unter Andreas Hofer und Josef von Hormayr der Volksaufstand der Tiroler losbrach, war Erzherzog Johann der Verbindungsmann zum Kaiserhaus.

Ab dem Jahr 1809 überschlugen sich die Ereignisse. Napoleon rückte immer rasanter vor, die österreichische Armee befand sich auf dem Rückzug. Erzherzog Johann wurde nach militärischen Erfolgen in Oberitalien Richtung Wagram abkommandiert.

Trotz tagelanger Gewaltmärsche erreichte er sein Ziel zu spät, Generalissimus Erzherzog Karl erlitt im entscheidenden Augenblick einen epileptischen Anfall, und Wagram geriet zur absoluten Katastrophe.

Für Erzherzog Johann bedeutete diese verlorene Schlacht erst den Beginn einer Reihe von niederschmetternden Ereignissen. Abgesehen davon, dass er die Schmähungen, mit denen der Kaiserhof seinen Bruder Karl bedachte, nur schwer verkraftete, hatte der folgende »Schandfrieden von Schönbrunn« auch Konsequenzen, die ihn selbst betrafen. Der Kaiser hatte Tirol auf Betreiben Metternichs fallen gelassen. Andreas Hofer wagte einen neuerlichen Aufstand, erlitt aber am Bergisel eine vernichtende Niederlage. Danach gelang ihm zwar die Flucht, er wurde später aber von Franz Raffl verraten, gefasst, nach Mantua gebracht und von einem Exekutionskommando standrechtlich erschossen. Diese Ereignisse verwand Erzherzog Johann innerlich nie. Er fühlte sich für das Schicksal Andreas Hofers sein Leben lang mit verantwortlich.

Wenige Jahre später hoffte Erzherzog Johann noch einmal, Tirol im Krieg gegen Napoleon organisieren zu können. Hormayr begeisterte ihn für den »Alpenbund«, und Johann unterstützte dessen geheime Aktivitäten. Bis ihm aus Teilwahrheiten die Absicht unterstellt wurde, er plane im Alleingang, Tirol und die Schweiz in einem Herzogtum zusammenzufassen und es dem Deutschen Bund einzuverleiben. Die Folgen dieser Hofintrige waren verheerend: Erzherzog Johann erhielt Landesverbot für Tirol. Bis 1833 sollte er seine geliebten Berge nicht wiedersehen dürfen. Er fühlte sich verraten, politisch ausgeschaltet, im eigenen Vaterland nicht gebraucht und nicht gewollt. Die Schuld daran gab er Metternich. Für diesen empfand er seither nur noch Feindschaft und Verachtung. Und, bei aller Liebe zu seinem Bruder, dem Kaiser, den Hof in Wien verabscheute er.

Für das Schicksal Andreas Hofers fühlte sich Erzherzog Johann ein Leben lang verantwortlich.

Die Steiermark wird zur Herzenssache

Wie sehr Erzherzog Johann das Leben in der Stadt generell ablehnte, zeigt eine Tagebuch-Eintragung aus dem Jahr 1823: »Hier (in der Stadt) alles dem Zwang und Förmlichkeiten untergeordnet, die nicht aufzugeben sind, die sein müssen, aber einem, der die Natur gesehen, in ihr gelebet hat, sie kennet, immer unerträglicher werden; nichts als Lärm, eitles Treiben, Zerstreuung, nichtig Streben, Genuß, Herzlosigkeit, Selbst- und Scheelsucht, niedrige Kniffe; da verlernet sich das Gute, da erstickt es in diesem Schlamme. Ein elendes, nichtiges Leben in dieser so genannten großen Welt, keine reine Luft, nichts von allem dem, was die Natur so schön machet, alles künstlich, alles klein, wie vieles tot! Welcher Abstand gegen meine Berge; dort hat der Schöpfer mit einfachen Zügen die einfachsten Gesetze geschrieben, die jeder fühlt, wenn sein Herz zur Einfalt zurückkehrt.«[1]

Der Heiratspolitik des Hauses Habsburg hatte sich Erzherzog Johann höchst erfolgreich widersetzt. Gemäß dem bewährten Wahlspruch »Tu, felix Austria, nube« wäre es der kaiserlichen Familie überaus gelegen gewesen, wenn er sich zu einer Ehe mit einer der Frauen aus der großen Familie Napoleons hätte entschließen können – oder gar mit Großfürstin Katharina von Russland, der verwitweten Lieblingsschwester Zar Alexanders. Gegen beides wehrte sich der Erzherzog entschieden. Da wolle er lieber »weiß Gott was« heiraten, als in solch eine Verwandtschaft kommen, empörte er sich bei dem ersten Vorschlag und beim zweiten erklärte er, er wolle kein Pensionist Russlands werden.

Eine Ehe aus Gründen der Staatsräson, wie sie zur damaligen Zeit so gut wie alle Mitglieder des Kaiserhauses praktizierten, kam für ihn nicht in Frage. Eine Figur auf dem Schachbrett der Politik zu sein, lehnte er entschieden ab. Zu einer Heirat werde er sich auf keinen Fall zwingen lassen, ließ er verlauten, dann bleibe er lieber Junggeselle. Was er suchte, war das Reine, das Wahre, das Echte. Namen und Titel hatten für ihn kein Gewicht. Worauf es ihm ankam, das war die »Vereinigung edler Herzen« auf dem Weg zur Vollkommenheit.

Die große Politik erlebte Erzherzog Johann dennoch hautnah mit. Nach der endgültigen Niederwerfung Napoleons nahm er am Einzug der Siegermächte in Paris teil. Im Anschluss daran wurde er mit einer heiklen Mission betraut: Er reiste in Vertretung des Kaisers gemeinsam mit seinem Bruder Ludwig nach England und Schottland. Von Oktober 1815 bis März 1816 hatte er während dieses Staatsbesuches Gelegenheit, die sozialen und wirtschaftlichen Veränderungen des heraufdämmernden Industriezeitalters zu studieren. Er machte sich genaue Aufzeichnungen und Skizzen und setzte seine Erfahrungen später in der Heimat um – das machte ihn zu einem der ersten »Industriespione«. Was

Der Brandhof am Fuße des Seebergs nahe Mariazell, den Johann 1818 erworben hatte und in dessen Kapelle 1829 die geheime Trauung mit Anna Plochl stattfand.

ihn besonders erschütterte, waren die Ballungszentren, in denen sich alles um Produktion, Konsum und Profit drehte, in denen Volksaufstände, Plünderungen und Unordnung an der Tagesordnung waren und die Menschlichkeit verlorenging.

Nach dieser Reise wandte sich Erzherzog Johann noch stärker der Steiermark zu, die er, gleichsam als Alternative zu den Tiroler Bergen schon einige Jahre zuvor, nachdem er 1807 die nahe der steirischen Grenze gelegene Herrschaft Thernberg erworben hatte, schätzen, ja lieben gelernt hatte. Eine Tagebucheintragung aus dem Jahr 1812 zeigt dies: »Mir ist nur dann wohl, wenn ich über den Semmering gesetzt meine Berge wiedersehe, die reine

Luft athme, und mich in den schönen Thälern und Gegenden, unter einem Volk befinde, welches zwar nicht den hochgepriesenen (nicht haltbaren) Firnis der großen Welt besitzt, aber redlich, offen, gut, herzlich – ist.«[2]

Erzherzog Johann kam als Privatmann, ausgestattet nur mit einer Jahresapanage von 24 000 Gulden und einigen Gütern, in ein Land, das nach den Franzosenkriegen wirtschaftlich und sozial am Boden zerstört war. Als erstes begann er, den Hunger zu bekämpfen. Er begründete die »Kartoffelunterstützungsanstalt«, um den Menschen zumindest eine Art Basisversorgung zu gewährleisten. Im Jahr 1818 vertiefte er seine Beziehung zur Steiermark. Für 2560 Gulden erwarb er den zwischen Mariazell und Seeberg gelegenen, zur Versteigerung ausgeschriebenen Gutsbesitz Brandhof. Und dann ging er mit all seiner Kraft daran, das Land zu modernisieren und zu verbessern. Eine seiner ersten Maßnahmen war, die Landwirtschaftsgesellschaft mit einem Netz von Filialen über das ganze Land aufzubauen. Alles in dem Wunsch, den Menschen zu einem besseren Leben zu verhelfen. Sie sollten in Frieden miteinander leben, gebildet und offen für das Schöne. Das waren die erklärten Ziele des großartigen Innovators, Visionärs und Vordenkers.

Die Postmeisterstochter Anna Plochl

Dass Erzherzog Johann bei all seinen Bemühungen ganz auf sich allein gestellt, ja als »gemiedener« Fürst nahezu isoliert war, muss ihm schmerzlich bewusst gewesen sein. Auch sein Kontakt mit der Bevölkerung gestaltete sich alles andere als einfach. Auf die hochgeborene Persönlichkeit reagierten die einfachen Menschen mit Scheu und Zurückhaltung. So ist es kaum verwunderlich, wenn er seinem Tagebuch einmal anvertraute, er wünsche sich ein

Wesen, das ihm als Menschen und nicht als Fürsten zugetan sei und ihm manchmal seine trüben Gedanken verscheuchen könne. Darüber, wie dieses Wesen sein solle, hatte er konkrete Vorstellungen: jung und hübsch; außerdem sollte es ein gutes Herz und einen aufgeweckten Sinn haben, Mutterwitz und genügend Verstand, dass man ein vernünftiges Wort reden könne. Wenn er so ein Wesen habe, dann fehle ihm nichts. Leider hinderten ihn aber seine Verhältnisse, ein Band wie alle anderen Menschen zu knüpfen.

Sein Wunsch ging dennoch in Erfüllung, und zwar genau am 22. August 1819. An diesem denkwürdigen Tag traf Erzherzog Johann in Aussee auf die damals 15-jährige Anna Plochl.

Um dieses Zusammentreffen sind im Laufe der Zeit eine Reihe von Legenden entstanden. Die am häufigsten verbreitete und immer wieder liebevoll und detailreich abgewandelte erzählt, der Erzherzog sei eines Tages in höchster Eile in Aussee eingetroffen und habe auf der Posthalterei frische Pferde zur Weiterbeförderung verlangt. Da sämtliche Knechte mit Erntearbeiten beschäftigt waren und der Posthalter selbst kränkelnd gewesen sei, habe sich dessen Tochter flugs in die Postmontur geworfen und, die Peitsche in der Hand, den Bock bestiegen. Der zierliche Wagenlenker habe die Aufmerksamkeit des Erzherzogs erregt – ja, und so habe alles begonnen.

Tatsächlich war alles ganz, ganz anders. Um dem bittersüßen Märchen vom hochgestellten Prinzen, der sich in ein armes Mädchen verliebt, die Realität gegenüberzustellen, fasste Johann die Ereignisse in seinem Buch »Der Brandhofer und seine Hausfrau«[3] zusammen. Daraus geht hervor, dass die Geschichte dieser Liebe viel mehr war als eine süße Romanze. Es zeigt Gesinnung und Grundhaltung eines Mannes, der von der Liebe zu den Bergen und ihren Menschen erfüllt war. Eines Mannes, der den Idealen der Aufklärung verbunden war, der, wie er in diesem Buch betonte, an die »reinere Kraft des einfachen Menschen«

glaubte und der aus seiner Abneigung gegen große Städte und die Dünkel und Intrigen bei Hof kein Hehl machte.

Im August 1819 war Erzherzog Johann wieder einmal im Salzkammergut unterwegs. Als Zeichen seiner Volksverbundenheit trug er bereits den grauen, grün besetzten Lodenrock, ursprünglich das Kleidungsstück der obersteirischen Jäger, dazu eine Kniehose, grüne Wollstrümpfe und einen mit Federn geschmückten Steirerhut. Wie auch sonst auf seinen Wanderungen, die er oft auch zur statistischen Landesaufnahme nützte, war er von einer Gruppe enger Vertrauter begleitet. Darunter waren sein Sekretär Johann Zahlbruckner und Jakob Gauermann, einer der Kammermaler, die wie Thomas Ender, Karl Ruß oder Ludwig Ferdinand Schnorr von Carolsfeld beauftragt waren, die durchwanderten Landschaften ebenso wie die Menschen in ihren Trachten authentisch festzuhalten.

Die Gruppe bestieg am Toplitzsee einen Kahn, und kräftige Ausseer Holzknechte ruderten sie über den stillen, von hohen, bewaldeten Bergen umschlossenen See. Auf halbem Weg zur Au von Gößl bemerkten die angenehm plaudernden Männer am Ufer vier kleine, weiße Punkte. Sie rätselten noch, was das wohl sein könne, vermuteten, es seien zum Trocknen aufgehängte Wäschestücke, und wunderten sich erst recht, als sich die vier Punkte bewegten. Erst, als der Kahn näher ans Ufer kam, löste sich das Rätsel. Die vier weißen Punkte entpuppten sich als vier junge Mädchen, die weiße Kleider trugen, dazu grüne Mieder mit Goldborten, weiße Strümpfe und leichte Bundschuhe, Vortücher aus Seide und grüne, mit Bändern verzierte Hüte.

Die im Kahn ankommenden Männer aus Aussee kannten die Mädchen, sie begrüßten sie herzlich und begannen ein Gespräch mit ihnen. Schließlich wanderte die ganze Gruppe fröhlich durch die Au und über die Wiesen von Gößl. Erzherzog Johann plauderte mit allen Mädchen. Noch hätte er nicht sagen können, dass ihm eine ganz besonders gefallen habe. Alle schienen ihm be-

Um die erste Begegnung Johanns mit Anna rankten sich bald zahlreiche Legenden. Eine besagt, Anna, die Postmeisterstochter, habe als Postkutscher ausgeholfen und der Erzherzog habe sie als Mädchen erkannt.

scheiden, fröhlich, artig und ein wenig scheu. Und doch war es die jüngste und zurückhaltendste von ihnen, die sein Schicksal bestimmen sollte.

Der ganze Zug bewegte sich durch Gößl, die Bewohner des kleinen Ortes zeigten ihrem hohen Gast stolz ihre neue Kapelle und luden ihn in ihre Häuser ein. Dann bestiegen alle ein großes Schiff und fuhren auf dem Grundlsee ein kurzes Stück zum Ladner, einem einfachen, aus Holz gebauten Gasthaus mit Kegelbahn und Schießplatz. In der oberen Stube des Ladners war aufgedeckt. Erzherzog Johann nahm an einem viereckigen Tisch Platz, zu seinen beiden Seiten eines der jungen Mädchen. Während die Gesellschaft speiste, begannen nebenan, in der langen Stube, die Jochhammerer zu spielen, drei Musiker, zwei mit Geigen, einer mit Hackbrett, die in einem Kahn bereits auf dem See das Schiff des Erzherzogs mit Musik begleitet hatten. Sobald die Musik im Ladner erklang, wurde es turbulent. Die Leute strömten in die lange Stube, tanzten und strampften, pfiffen, sangen und jauchzten. Der Erzherzog zögerte nicht lange. Kaum war das Essen beendet, mischte er sich unter die Tanzenden, einmal mit dem einen, dann mit dem anderen Mädchen – und entschied sich schließlich doch für eine, für Anna Plochl.

Was ihn faszinierte, hielt er später fest: »Schlank gewachsen, über die mittlere Größe, in schönster erster jungfräulicher Blüthe, sprach ihr Gesicht jeden durch das Gepräge der Unbefangenheit und Gemüthlichkeit an; ein schönes braunes Auge, was wir Gebürgsbewohner mit gamsauget bezeichnen, dessen ruhiger Blick die Unschuld ihrer Seele aussprach, die Fröhlichkeit des Alters, gepaart mit großer Bescheidenheit, und jene Anspruchslosigkeit und Aufrichtigkeit, die nicht erlernet werden kann, dabey fromm und brav, von einer trefflichen Mutter für das praktische Leben, für die Bestimmung zu einer guten Hausfrau erzogen, von den damals lebenden acht das liebste Kind des braven Vaters. So war damals das Mädchen; noch hatte nichts ihr Leben getrübet und keine nähere Berührung mit der Welt dem zarten, arglosen, wohlwollenden Gemüthe bittere Gefühle, die Menschen betreffend, erwecket.«[4]

An diesem Abend wurde noch viel gelacht und getanzt. Der Erzherzog verbrachte die kurze Nacht in einem kleinen Stüberl des Ladners. In den Schlaf fand er lange nicht. Die Ereignisse des Tages hielten ihn wach, und zeitweise wusste er nicht, ob alles wahr war oder nur ein schöner Traum. Am nächsten Tag sah er das Mädchen wieder, die ganze Gesellschaft frühstückte gemeinsam und wanderte dann gemeinsam über Wiesen und im Schatten hoher Bäume zur Traunmühle. Dort, an einem großen Holz-

Anna als junges Mädchen. Die Tochter des Postmeisters Jakob
Plochl und seiner Frau Anna wuchs in Aussee in geordneten
Verhältnissen auf, hatte aber nach dem Tod der Mutter als älteste
Tochter die Haushaltspflichten zu übernehmen.

gatter, musste Abschied genommen werden. Erzherzog Johann
schrieb später: »Alle waren betrübt; es war damals nur das Gefühl
zu kurz gedauerter Unterhaltung, das reine, wohlwollende, das
keinen anderen Gedanken Raum läßt als jenem, der recht und
edel ist, allein dieses Gefühl sollte sich zu einem tieferen, bleiben-
den ausbilden, die Quelle vielen Kummers werden, welchen end-

lich der Herr, der über alles waltet, in Freude und Gemüthsruhe wandte ...«[5]

Wer war nun diese stille, zurückhaltende, »gamsaugerte« Schönheit?

Anna Plochl war am 6. Januar 1804 als erstes von 13 Kindern des Postmeisters Jakob Plochl und dessen Frau Anna zur Welt gekommen. Sie wurde zwar auf den Namen Anna Maria Josephine getauft, wurde aber »Nani« gerufen, und selbst nannte sie sich später gerne »Nanette«. Davon, dass ihr kurzes Leben bisher nichts »getrübet« habe, konnte allerdings keine Rede sein. Die Familie Plochl war in Aussee zwar angesehen und hatte auch nicht unter materieller Not zu leiden, von schweren Schicksalsschlägen blieb sie aber nicht verschont. Ein Jahr nach Annas Geburt kam ihr Bruder Josef zur Welt, der später in die Fußstapfen seines Vaters trat und als Erbpostmeister den Beruf fortführte. In dem Haus gegenüber der Heiligen-Geist-Kirche in Aussee wurde jedes Jahr ein weiteres Kind geboren; Anna musste schon von frühester Jugend an im Haushalt mithelfen und miterleben, wie vier ihrer Geschwister auf tragische Weise ums Leben kamen: der vierjährige Alois ertrank in der Traun, Walpurga starb, erst wenige Monate alt, an »Auszehrung«, Johann erlag den Fraisen und Eduard einem Stickhusten. Und doch hielt die Familie fest zusammen, unternahm gemeinsam Ausflüge und feierte die damals üblichen Feste.

Im Herbst 1819 allerdings war die kleine Welt der Anna Plochl noch in Ordnung. Schon bald nach der ersten Begegnung am Toplitzsee traf sie den Erzherzog wieder. Zuerst bei einem Fest am Schwarzensee, zu dem auch eine große Gruppe von Leuten aus Aussee gekommen war. Dort wurden gemeinsam Ausflüge unternommen, der hohe Herr und seine Begleiter fuhren in einem Kahn zum Fischen über den See und abends wurde die Beute, Saiblinge, verspeist. Beim Essen saß Erzherzog Johann auch hier wieder zwischen den beiden Mädchen aus Aussee, und danach unterhielt sich die Gesellschaft mit Spielen und Scherzen, Musik und Tanz. Obgleich ihm alle Mädchen gut, hübsch und fröhlich erschienen, war er sich längst im Klaren: So unbefangen wie Anna, so herzlich, offen, ohne Nebenabsichten, ohne Eitelkeit und Missgunst war keine.

Geheime Bande

So volksnah und leutselig sich der Erzherzog auch gab, war er dennoch isoliert: Eine hochgestellte Persönlichkeit wie er konnte sich einem Mädchen nicht nähern wie ein Mann aus dem Volk. Er konnte nicht einfach Briefe senden, um ein geheimes Rendezvous bitten, Händchen haltend einen romantischen Spaziergang unternehmen oder an einem verschwiegenen Plätzchen Zärtlichkeiten austauschen. Das verbot sein Rang. Und das verbot die Sorge um Annas Ruf. Dass ein Mitglied des Kaiserhauses ernste Absichten mit einem einfachen Bürgermädchen haben könnte, war damals völlig undenkbar. Der Standesunterschied verlief wie ein tiefer Graben mitten durch die Herzen. Schon beim leisesten Verdacht wäre Anna als Fürstenliebchen abgestempelt gewesen. Dafür hätten schon ihre Freundinnen aus Aussee gesorgt, denn die hatten immer Zeit und Muße für ein wenig Klatsch und Tratsch – und Haare auf den Zähnen hatten sie auch.

Für den Erzherzog bedeutete dies, dass er höchste Vorsicht walten lassen musste und dass er sich dem Mädchen nur ganz behutsam nähern konnte. Gelegenheiten, mit »Nani« allein zu sprechen, ergaben sich nur für Augenblicke. Einen davon nützte der Erzherzog für eine ernste Frage. Er erkundigte sich, ob sie ihr Herz bereits verschenkt habe, und bat sie, beinahe streng, um eine aufrichtige Antwort. Anna verneinte kurz und entschieden, und darauf sagte er: »Dann, da niemand Unrecht geschiehet – seyn sie mir gut.« Damit war das geheime Band geknüpft, das die beiden Menschen verbinden sollte.

Bis sie sich wiedersahen, sollte ein Jahr vergehen. Erst im Herbst 1820 kam der Erzherzog wieder ins Salzkammergut. Wieder traf sich die gesamte Gesellschaft beim Ladner am Grundlsee, wieder gab es Ausflüge, gemeinsames Essen und Tanz, wieder ergaben sich kurze Augenblicke, in denen das Paar liebevolle Worte wechseln konnte, wie dass sie aneinander gedacht hätten, dass man sich wohl wolle. Als heftiger Regen den Erzherzog zwang, seine Abreise zu verschieben, ergab sich in Aussee ein geselliger Abend, an dem wieder einmal die Jochhammerer aufspielten und eifrig getanzt wurde. Diesmal hatte das Paar Gelegenheit, ein wenig mehr miteinander zu sprechen als bisher. Der Erzherzog musste dem Mädchen schließlich versprechen, im nächsten Jahr gewiss wiederzukommen. Und dann schnitten sich beide unbemerkt von der Gesellschaft eine Haarlocke ab, steckten sie sich heimlich zu und versprachen, einander im Laufe des Jahres Nachrichten zukommen zu lassen. Ein letzter Tanz, ein Händedruck zum Abschied, dann trennten sich beide – mit schwererem Herzen als zuvor.

Erzherzog Johann war sich über seine Gefühle zwar im Klaren, in Bezug auf das Mädchen und dessen Familie wollte er aber trotzdem auf Nummer Sicher gehen: Auf der nahen Burg Strechau bat er seinen Freund und Vertrauten, den Pfleger Anton Stary, genaue Erkundigungen über den Ruf der Familie Plochl, ihren Umgang und ihre finanziellen Verhältnisse einzuholen. In einem kleinen Ort wie Aussee blieb nichts verborgen, dachte er. Tatsächlich verliefen die Erkundigungen positiv. Über die Familie Plochl gab es nichts Negatives zu berichten.

Winter und Frühjahr des Jahres 1821 vergingen für Anna mit traurigen, höchst belastenden Ereignissen. Zwei Jahre, nachdem Anna Plochl Erzherzog Johann kennengelernt hatte, traf die Familie der schwerste Schlag: Mutter Anna starb im Januar

1821, drei Tage nach der Geburt ihres 13. Kindes, Amalie. Von diesem Zeitpunkt an hatte die damals erst 17-jährige Anna die Verantwortung für die Kinderschar und den Haushalt zu tragen – und das war sicher keine leichte Aufgabe. Der Erzherzog konnte ihr in dieser schweren Zeit nicht beistehen. Und nicht nur das, er durfte ihr nicht einmal persönlich schreiben. Ein Schreiben von Dritten mit den üblichen, allgemein gehaltenen Beileids-Floskeln musste genügen – so tief war die Kluft des Standes-unterschiedes.

Wiedersehen und Eheversprechen

Im August 1821 gab es dennoch ein Wiedersehen. Karl Schweig-hofer, der Pfleger, also Verwalter der zum Stift Admont gehöri-gen Herrschaft Gstatt, feierte Hochzeit. Da Erzherzog Johann sowohl mit ihm als auch mit dessen Familie in Graz in bestem, ja herzlichem Einvernehmen stand, hatte er sich bereiterklärt, die Rolle des Brautführers zu übernehmen. Die mehrere Tage dau-ernde Hochzeit wurde ganz nach steirischem Brauch gefeiert, mit Hochzeitsgästen in Tracht und mit der Kranzljungfrau, die dem Brautführer zur Seite stand. Der Erzherzog hatte sich dafür Anna Plochl gewünscht; um jedoch Tratsch und Gerede nur ja keine Nahrung zu geben, war das Los dann auf ein junges, hübsches Mädchen namens Regi gefallen. So konnte das Paar zwar nicht nebeneinander vor dem Altar stehen, zu einem herzergreifenden Zwischenfall kam es aber trotzdem: Als der Pfarrer, der Prior des Stiftes Admont, das dreimalige Ja der Brautleute forderte, sah sich der Erzherzog plötzlich mit Anna an ihrer Stelle. Er wandte sich mit Tränen in den Augen zu Anna um, die in den hinteren Reihen stand. Sie schlug die Augen nieder – und schluchzte laut auf. Und einige Tage später, als die Hochzeit vorüber war und alle Gäste sich an die Heimfahrt machten, kam Anna heimlich für einen kurzen Augenblick in das Zimmer des Erzherzogs und übergab ihm ihren »Brautbuschen«. Er verwahrte das Symbol der Liebe und der Hoffnung tief gerührt in seinem Gepäck.

Bis zur entscheidenden Aussprache sollte ein weiteres Jahr vergehen. Erst im Sommer 1822 kam Erzherzog Johann wieder ins Salzkammergut. Er hatte erfahren, dass Anna am 22. August ihre kranke Schwester zu einem Arzt in Neuhaus begleiten würde. Gemeinsam mit Sekretär Zahlbruckner ging Johann ihr zu Fuß entgegen. Schon von weitem hörten die beiden Männer das Posthorn – dann hielt die Postkutsche, und Anna und Johann hatten Gelegenheit, bei der Ennsbrücke in Untergrimming eine Stunden lang allein und ungestört miteinander zu sprechen. Unter freiem, blauem Himmel versicherte Johann: »Nani, ich lasse nicht von ihnen« und gab ihr damit sein Wort. In vollem Bewusstsein, dass es viel an Zeit, Geduld und Kraft kosten würde, bis die Beziehung legalisiert werden könne.

Der Februar dieses Jahres hatte dem Leben des Erzherzogs eine entscheidende Wende gebracht. In Wien war im Alter von 84 Jahren Herzog von Sachsen-Teschen gestorben, der Mann Marie Christines, der Lieblingstochter Maria Theresias. Er hatte Erzherzog Johann, dem Neffen seiner geliebten Frau, ein beträchtliches Vermögen hinterlassen. Einen Teil dieses Kapitals nützte Erzherzog Johann dazu, in Vordernberg, wo die Eisenindustrie zu diesem Zeitpunkt gerade eine schwere Krise erlebte, ein Radwerk zu kaufen. Als Wohnhaus erwarb er das heute in der Hauptstraße 85 gelegene »Meranhaus«.

Im Oktober 1822 wagte Anna einen für die damalige Zeit überaus mutigen Schritt. Unter dem Vorwand, ihren Bruder in Braunau besuchen zu wollen, reiste sie in Begleitung Zahlbruckners nach Gmunden, wo sich Erzherzog Johann mit der kaiserlichen Familie aufhielt, und dann nach Salzburg. In einer Vollmondnacht, bei einem Spaziergang durch das Nonntal, hatte das

Paar endlich Gelegenheit, länger und ungestört miteinander zu sprechen und Zukunftspläne zu machen.

Zukunftspläne schmiedete indes auch Vater Plochl in Aussee. Ihn hatte die Einladung zu einer Hochzeit zutiefst verstimmt, auf der vermerkt war, der Brandhofer – so nannte sich Erzherzog Johann gerne seit dem Erwerb seines Gutes bei Mariazell – erwarte ihn samt seiner Tochter Nani. Dass der hochgestellte Herr mit seiner Tochter tatsächlich ernste Absichten hatte, konnte sich der einfache Bürgersmann nicht vorstellen. Er bangte um den Ruf seiner Tochter, fürchtete Klatsch und Tratsch und nahm an der Hochzeit nicht teil. Und nicht nur das: Von nun an war der Friede im Hause Plochl gestört, die arme Anna bekam einiges an Schimpf und Schelte zu hören. Vater Plochl gab ihr schließlich unmissverständlich zu verstehen, dass er beabsichtige, sie zu verheiraten. Bewerber um ihre Hand gebe es genug. Im Übrigen solle es möglichst rasch gehen, denn er selbst wolle auch wieder heiraten, und dann sei Annas Stellung im Haushalt ohnehin problematisch. Die Situation war also brenzlig. Erzherzog Johann wusste nun, dass dringend etwas zu geschehen hatte. Für ihn stand allerdings fest: Heimlich, ohne die Einwilligung seines Bruders, des Kaisers, wollte er Anna nicht heiraten.

Kaiserliches Einverständnis – und ein Aufschub

Bevor Erzherzog Johann nach Wien reiste, machte er in Baden Station, um seinen älteren Bruder Karl zu besuchen, den Sieger von Aspern. Auch ihm war es gelungen, sich dem Willen des Hofes zu widersetzen und eine Ehe zu schließen, die nicht der Staatsräson gehorchte, sondern auf Zuneigung und Liebe beruhte. Er hatte eine deutsche Prinzessin geheiratet, Henriette von Nassau, eine Protestantin. Von diesem Paar erhoffte sich Johann Rückendeckung. Er bekam sie auch. Und doch, Henriette war skeptisch.

In den ersten Wochen des Jahres 1823 verbrachte Erzherzog Johann bange Tage voll innerer Unruhe in Wien. Für den 5. Februar schließlich wurde ein persönliches Gespräch unter vier Augen mit dem Kaiser anberaumt. Der Erzherzog begab sich in aller Früh in die Kapelle der Hofburg. Dort richtete er ein Stoßgebet an seinen Ahnherrn Ferdinand II. von Tirol, den einzigen Spross des Hauses Habsburg, der vor ihm eine Bürgerliche geheiratet hatte, Philippine Welserin. Die Hochzeit war im Jahr 1557 heimlich erfolgt, der Kaiser genehmigte sie aber später unter der Bedingung der Verschwiegenheit. Möglich, dass Erzherzog Johann auf einen ähnlichen Lösungsvorschlag seines Bruders hoffte, als er anschließend, um neun Uhr morgens, vor den Kaiser trat, ihm die Gründe darlegte, aus denen er bisher nicht geheiratet hatte und ihn um die Genehmigung der Heirat mit Anna Plochl bat.

Der Kaiser zeigte sich überaus interessiert, er erkundigte sich nach dem Mädchen, wollte wissen, ob es jung und hübsch sei, wie es mit seiner Putzsucht stehe, und ob es der modernen Lebensweise aufgeschlossen sei. Auch nach Annas Familie erkundigte er sich eingehend. Gerade in diesem Punkt gab er einiges zu bedenken, allem voran, dass die Familie versuchen könnte, aus der Beziehung zu einem Mitglied des Kaiserhauses Nutzen zu ziehen. Erzherzog Johann beantwortete geduldig alle Fragen. Dann berichtete er wahrheitsgemäß, es sei bereits mit einem Geistlichen gesprochen worden, dieser benötige aber die Erlaubnis des Kaiserhauses. Der Kaiser sagte zu, diese Erlaubnis zu erteilen, allerdings nicht vor Ostern. Bis dahin solle sich Johann noch genau über die Familie des Mädchens erkundigen, um sicher zu gehen, dass aus dieser Verbindung später keine Probleme entstehen würden.

Anna, die mittlerweile in Aussee alle Hände voll zu tun hatte, Heiratspartien auszuschlagen, wurde sofort davon benachrichtigt, dass der Kaiser die Erlaubnis zur Hochzeit in Aussicht gestellt hatte. Sie sah die Lage allerdings realistisch. Vom ersten Augenblick an zweifelte sie daran, dass die Zustimmung bis Ostern erfolgen würde. In einem Brief versicherte sie aber, sie bleibe ihren Gesinnungen treu, auch wenn es Jahre bis zu deren Erfüllung dauern sollte. Dann allerdings platzte eine Bombe: Plötzlich tauchte das Gerücht auf, Anna unterhalte eine enge Beziehung zu einem jungen Mann. Erzherzog Johann lud Vater Plochl und Anna in aller Eile zu einer Aussprache nach Neuhaus ein. Die heikle Aufgabe, Anna genau zu befragen, fiel dem Sekretär Zahlbruckner zu – und dieser hielt später fest, das Mädchen sei rein und schuldlos aus dem Gespräch hervorgegangen, was nicht anders zu erwarten gewesen sei. So konnten Vater und Tochter offiziell von der zugesagten Zustimmung des Kaisers in Kenntnis gesetzt werden. In Neuhaus wurden auch die Details für die Hochzeit besprochen. Sie sollte auf der Burg Strechau erfolgen, deren Pfleger Anton Stary ja zu den engen Vertrauten des Erzherzogs zählte. Die Trauung sollte Maurus Blaschir vollziehen, der Pfarrer von Gröbming. Und nach der Hochzeit sollte Anna als Hausfrau des Radmeisters Erzherzog Johann in Vordernberg Einzug halten.

Tatsache war allerdings, dass der anfängliche Verdacht nicht so unbegründet war, wie es schien. Anna dürfte wirklich so etwas wie ein Naheverhältnis zu einem jungen Mann gehabt haben. Sein Name war Vinzenz Pfeifer, er war der 1797 geborene Sohn des Leobener Bäckermeisters Joachim Pfeifer, der in Vordernberg lebte und in einem Radwerk arbeitete. Dass es mehr als nur eine flüchtige Bekanntschaft war, ist anzunehmen. Anna hatte dem jungen Mann nicht nur mehrere Briefe und Billets geschrieben, sie hatte ihm auch Geschenke übersandt, darunter eine künstliche Rose und einen Ring!

Erzherzog Johann setzte jedenfalls alle Hebel in Bewegung, um die Spuren dieser Beziehung zu verwischen. Sekretär Zahlbruckner wurde beauftragt, mit Vater Pfeifer Kontakt aufzunehmen

Die Burg Strechau, wo die Hochzeit von Anna und Johann ursprünglich stattfinden sollte.

und zu erwirken, dass sein Sohn die kompromittierenden Briefe und den Ring zurückgab. Der junge Mann wurde außerdem aus Vordernberg »entfernt«, und zwar auf elegante Art: Er kam in den »Genuss« eines drei Jahre dauernden Studiums an der Bergakademie in Schemnitz – finanziert durch Erzherzog Johann.

Im April 1823 gab der Kaiser schließlich die ersehnte Genehmigung zur Hochzeit. Sie erfolgte in Form eines handschriftlich verfassten Briefes: »Für die zur Beruhigung Deines Gewissens von mir erbetene Eheliche Verbindung mit der Jungfrau Anna Plochl, von Aussee in Steiermark, ertheile ich hiermit meine Zustimmung jedoch nur unter der ausdrücklichen Bedingniß daß dadurch weder ihr noch den aus dieser Ehe entstehenden Kindern ein Anspruch von was immer für eine Art auf Deinen

Namen Stand und Versorgung von Seite des österreichischen Staates und von Seite unseres Hauses erwachsen dürfe. Wien den 4. April 1823 Franz«[6]

Das war zwar eine Zustimmung, aber eine ungern erteilte. Eine, die deutlich die Handschrift Metternichs zeigte, die auf Zeit setzte und darauf, dass Erzherzog Johann doch noch von seinem Vorhaben ablassen würde. Damit nicht genug, beauftragte der Kaiser auch noch Erzherzog Ludwig, Johanns jüngeren Bruder, diesem in aller Deutlichkeit klarzumachen, dass diese Heirat nicht dem kaiserlichen Wunsch entspreche. Es wurden sogar »Spione« in die Steiermark entsandt, die genauen Bericht über Anna Plochl und ihre Familie zu erstatten hatten. Ihr Urteil fiel vernichtend aus: Anna sei in keiner Weise hoffähig, wussten sie zu berichten, sie beherrsche die gesellschaftlichen Formen in keiner Weise und sei nichts anderes als eine »gemeine Bauerndirn«. Dass sie sich jemals in gehobene Gesellschaftskreise einfügen könne, sei nicht zu erwarten.

Der Bericht dieser Informanten wurde nicht wie andere Dossiers der Metternichzeit geheim gehalten, nein, ganz im Gegenteil. Er wurde am Hof verbreitet und ging auch an zahlreiche hohe Beamte und Honoratioren im Salzkammergut. Ihr einziger Zweck bestand darin, den Erzherzog von seinen Hochzeitsplänen abzubringen. Der Nervenkrieg verfehlte seine Wirkung. Erzherzog Johann ließ von seinem Vorhaben nicht ab. Die Hochzeit auf Burg Strechau wurde zwar vorläufig verschoben, zu Pfingsten lud der Erzherzog Anna und ihren Vater aber nach einer Fahrt nach Mariazell auf den Brandhof ein, den er gerade ausbaute.

Nachdem Anna und ihr Vater nach Aussee und Erzherzog Johann nach Vordernberg zurückgekehrt waren, verdüsterte sich seine Stimmung. Jetzt begann auch er immer stärker an einer baldigen Hochzeit zu zweifeln. Seinen Humor allerdings verlor er nicht. Er übersandte Anna in einem Kuvert Haare, die ihm der Bader zuvor abgeschnitten hatte, es seien vielleicht die letzten,

Henriette Prinzessin von Nassau-Weilburg, die Ehefrau von
Johanns Bruder, Erzherzog Karl. Von ihr erhoffte sich Johann
Unterstützung, als er seine Eheschließung mit Anna beim Kaiser
durchsetzen wollte.

bevor alle ausgingen, schrieb er dazu, darum habe er sie gerettet
und ihren Händen übergeben, wohin sie gehörten, bis der ganze
Kopf ihr Eigentum sei.

Gerade das aber sollte noch lange dauern. In Aussee spitzte
sich die Situation indes drastisch zu. Der Vater wollte heiraten,
das Hauswesen sollte seine neue Frau, die Tochter eines Gast-

wirtes, führen, und die erwachsenen Kinder mussten aus dem Haus. Die Sache mit dem »Brandhofer« ging dem Vater zu langsam, schon war die Rede davon, dass Anna nach Graz auf einen Dienstplatz geschickt werden sollte. Angesichts dieser Ereignisse begab sich Erzherzog Johann Ende August wieder nach Wien, er plante, bei seinem Bruder einen neuerlichen Vorstoß in Richtung Hochzeit zu unternehmen.

Auch diesmal machte Erzherzog Johann zuerst Station in Baden bei Erzherzog Karl und Henriette. Seine Schwägerin empfing ihn zwar herzlich wie immer, ihre ursprünglichen Bedenken hatten sich jedoch als richtig erwiesen. Sie selbst sagte zwar nichts; was sie befürchtete, sprach aber Karl aus. Ja, sicher, der Kaiser habe zwar die Zustimmung gegeben, einverstanden aber sei er deswegen mit der Heirat noch lange nicht.

Blutenden Herzens fuhr Erzherzog Johann nach Wien, wartete fünf Tage auf die Rückkehr des Kaisers, der sich außerhalb der Residenzstadt aufgehalten hatte, und bekam dann endlich Gelegenheit zu einem Gespräch unter vier Augen. Diesmal sagte ihm sein Bruder, er habe in der bewussten Sache noch Zweifel, er fürchte, Johann könne durch diese Heirat unglücklich werden. Und dann geschah etwas zutiefst Berührendes: Der Kaiser versicherte seinem Bruder unter Tränen, er wisse, dass er immer der Einzige gewesen sei, auf den er sich auch in ärgster Not hatte verlassen können. Erzherzog Johann hingegen antwortete, er wisse, dass ihm sein Bruder jedes Opfer gebracht habe, jetzt wolle er ihm das schwerste bringen – »nemlich für dermalen auf unbestimmte Zeit vom Heirathen nichts reden«.[7]

Das Gespräch endete doch noch mit einem Kompromiss. Der Kaiser erlaubte seinem Bruder, den er herzlich liebte, und den er nicht unglücklich sehen wollte, Anna in sein Haus zu nehmen. Sofern er sie »izt« nicht heirate, gehe ihn das Übrige nichts an. Erzherzog Johann gab die einmal erteilte Erlaubnis nicht zurück, er akzeptierte aber den Aufschub auf längere Zeit.

Annas Einzug in Vordernberg

Der geänderte Entschluss seines Bruders war für Erzherzog Johann ebenso schmerzlich wie für Anna. Beide fügten sich aber in den Willen des Kaisers. Und Nani hielt auch ohne Heirat Einzug in Vordernberg. Drei Tage, nachdem Vinzenz Pfeifer den Ort Richtung Schemnitz verlassen hatte, am 20. September 1823, während eines heftigen Gewitters, brachte Vater Plochl Anna aus Aussee nach Vordernberg. Erzherzog Johann hatte diesem Augenblick in größter Aufregung entgegengesehen. Er hatte die Tage davor damit zugebracht, Annas Wohnräume peinlich genau putzen und ihr »Stübel« so gemütlich wie möglich einrichten zu lassen.

Als die Postkutsche mit Anna und ihrem Vater vor dem sogenannten »Fränkischen Haus« vorfuhr, trat ein regelrechtes Empfangskomitee vor die Tür: Vinzenz Huber, Johann Zahlbruckner und der Maler Ludwig Schnorr von Carolsfeld hatten sich zu diesem Ereignis eingefunden. Erzherzog Johann reichte dem Mädchen die Hand und begrüßte es mit den Worten: »Gottlob, daß sie da sind, hier ist unser Haus, welches sie nun betreten, um es nie mehr zu verlassen.«[8]

Für Anna, ihr weibliches Dienstpersonal und gelegentliche Gäste waren die Räume im ersten Stock des Hauses bestimmt. Dem Erzherzog standen die Räume im unteren Geschoss zur Verfügung, die im Wesentlichen aus einem Speise- und zugleich Schreibzimmer, einem kleinen Schlafzimmer und einem Büro bestanden, in dem sich die Sekretäre aufhielten. Anna war die Führung des Hauswesens im Radmeisterhaus übertragen worden. Von Anfang an war der Tagesablauf genau geregelt. Alle Bewohner des Hauses versammelten sich am Morgen zum gemeinsamen Frühstück, dann ging jeder seiner Arbeit nach, das Mittagessen wurde wieder gemeinsam eingenommen, der Nachmittag verlief ähnlich wie der Vormittag, und beim Abendessen verbrachte man

Auch ohne Eheschließung durfte Anna in das Haus des Radmeisters in Vordernberg einziehen. Der Erzherzog hatte ihr die Führung des Hauswesens übertragen.

mehrere Stunden im Gespräch über die Ereignisse des Tages und die Pläne für den nächsten Tag. Spät abends verbrachte das Paar eine Stunde »privat« miteinander, dann, meist gegen 10 Uhr, begab sich jeder in sein eigenes, in unterschiedlichen Stockwerken gelegenes Schlafzimmer.

Lange allerdings hielt diese Art von trauter Gemeinsamkeit nicht an. Schon bald nach Annas Ankunft hatte Erzherzog Johann Vordernberg immer wieder zu verlassen. Er musste nach Wien, dann nach Graz, zum Brandhof, wo eifrig gebaut wurde, und auf sein Gut bei Marburg in der damaligen Südsteiermark. Anna blieb oft lange allein zurück, und das fiel ihr überaus schwer. Nicht nur, dass sie ihre Geschwister vermisste, denen sie in Aussee die Mutter ersetzt hatte und die eng an ihr hingen, sie hatte im Salzkammergut ja auch alle ihre Freunde zurückgelassen.

In Vordernberg kannte Anna nur Franz Xaver Peball und seine Frau Elisabeth, die der Erzherzog gebeten hatte, sie in die »Gesellschaft« des Ortes einzuführen. Um eventuellem Gerede über das Zusammenleben des Paares im Ort keine Nahrung zu geben, hatte ihr der Erzherzog aber nahegelegt, ihren Alltag gesittet und möglichst zurückgezogen zu verbringen. Das schloss mit ein, dass sie ihm zuliebe auf die Teilnahme an einer Hochzeit in Aussee und auf Unterhaltungen im Fasching verzichten musste. Ja, sie hatte sogar den Verkehr mit ihrer Familie in Aussee einzuschränken. Das alles fiel ihr nicht leicht, denn sie war ein lebenslustiges junges Mädchen. Der Wunsch des »gnädigsten Herren« war für sie jedoch oberstes Gebot, also fügte sie sich.

Dass sich Anna in den ersten Monaten ihres Aufenthaltes in Vordernberg nicht wohlfühlte, hatte auch noch einen anderen Grund. Sie hatte erfahren, dass Vinzenz Pfeifer in Schemnitz verstorben war, was der armen Nani Schuldgefühle bereitete. Nicht zuletzt, weil die Frauen von Vordernberg unverhohlen durchblicken ließen, dass sie Vinzenz als Opfer betrachteten, das Annas wegen in die Fremde geschickt worden war.

Mit dem 25. April 1824 übernahm Anna auch das Hauswesen des Erzherzogs am Brandhof. Dort scheint sie zumindest bei der Bebauung des Hausgartens ihren Kopf recht energisch durchgesetzt zu haben. Das lässt jedenfalls ein Stoßseufzer vermuten, den der Erzherzog an Franz Xaver Peball in Vordernberg richtete: »Und dann sollte, was die Weiber am besten zu verstehen glauben – !!! das Nothwendige gesetzet werden (…) – das seind Geschichten – ! Es gehet mir wie Ihnen, Sie haben einen älteren, ich einen jüngeren Pantoffel, beyde sind zwar weich und mild, aber sind doch Pantoffeln, nicht wahr?«[9]

In Wien brodelte es indes weiter heftig in der von Intriganten geschürten Gerüchteküche. Die ganze Beziehung wurde als Skandal dargestellt. Dann hieß es wieder, Erzherzog Johann habe Anna verjagt, er habe bereits eine neue »Gespielin«. Grund genug für den Erzherzog, peinlich genau auf den Lebenswandel seiner um 22 Jahre jüngeren Nani zu achten sowie nach und nach dafür zu sorgen, dass ihr nicht nur immer mehr Aufgaben übertragen wurden, sondern dass sie ihn auch auf seinen Reisen begleiten durfte. Die Reisen gingen allerdings getrennt vor sich, Anna war offiziell die Begleiterin einer anderen Frau aus dem Gefolge und nahm auch getrennt Quartier, meist bei Freunden.

Auch um Annas Gesundheit stand es nicht zum Besten. Bald nach ihrem Einzug im Radmeisterhaus in Vordernberg erkrankte sie an den Pocken. Erzherzog Johann eilte sogleich an ihr Krankenbett und blieb auch bei ihr, bis die Gefahr gebannt war. Später bekam ihr eine Badekur in Gastein schlecht, sie war zehn Tage so schwer krank, dass sie nicht einmal im Stand war zu schreiben.

Hochzeit um Mitternacht

Erzherzog Johann hielt sich über fünf Jahre an das Wort, das er seinem Bruder, dem Kaiser, gegeben hatte, nämlich vom Heiraten nichts zu reden. Die Beziehung zu Anna war zwischen den Brüdern kein Thema mehr. Nach einer Weile hatten auch die Gerüchte nachgelassen, war Stille eingekehrt. Annas Sorgen um die gemeinsame Zukunft wusste Johann zu zerstreuen. Er hatte ein Testament gemacht, in dem er Anna berücksichtigte, und plante, es seinem Bruder vorzulegen. »Was mein Geschäft betrifft, ausser Sorge«, schrieb er Anna Anfang Februar 1829, »ich gehe festen Schrittes und weiche nicht. Diese Woche kömmt es zur Sprache, verlassen sie sich auf meine Klugheit; der Herr, wenn er das lieset, was ich ihm vorlege, kann unmöglich ungerührt bleiben, denn er hat ja ein edles Herz.«[10]

Das Herz des mittlerweile alt und kränklich gewordenen Kaisers zeigte sich am 6. Februar tatsächlich von seiner edlen Seite.

Johann legte ihm die Abschrift des Testamentes vor. Der Kaiser erkannte, dass sein Bruder auch über den langen Zeitraum von fünfeinhalb Jahren, die das Paar nun zwar in gemeinsamem Haushalt, aber nicht in ehelicher Gemeinschaft lebte, nicht von seinem Vorhaben abgekommen war, ja dass sich Liebe und Achtung noch vertieft hatten. Er machte von seinen Rechten als Familienoberhaupt Gebrauch und »gebot« seinem Bruder, der Sache den Segen des Priesters zu geben. Vor der Welt sollte darüber allerdings geschwiegen werden.

Die Trauung am 18. Februar 1829 in der Kapelle am Brandhof war wohl eine der merkwürdigsten, die es im Hause Habsburg je gegeben hatte. Sie verlief in aller Stille und Heimlichkeit. Anna traf zu Mittag aus Vordernberg kommend am Brandhof ein. Später kamen Johann Zahlbruckner und Vinzenz Huber, die beiden langjährigen Vertrauten des Erzherzogs. Für die Hausleute war dies nichts Außergewöhnliches, sie waren an Besuche gewöhnt. Also verlief der Nachmittag wie jeder andere Tag zuvor. Nach dem Nachtmahl trennten sich alle und begaben sich in ihre Schlafzimmer. Erzherzog Johann aber kleidete sich sorgfältig, er legte seine geliebte Jagdtracht an, begab sich eine Stunde vor Mitternacht in die Kapelle, entzündete die Kerzen am Altar und wartete still. Bald erschienen der Dechant von Lorenzen, Josef Pilipp, ein damals 80-jähriger Mann, die beiden Trauzeugen Zahlbruckner und Huber – und Anna im Festtagsdirndl. In aller Stille und Ruhe legte der Dechant die Stola über die einander haltenden Hände von Anna und Johann – so wurde der Bund nach katholischem Ritus geschlossen.

Anna begleitete Johann in den folgenden Jahren auf vielen seiner Reisen. Als der Kaiser 1830 einmal gerade auf der Rückreise von Laibach nach Wien war, ergab sich auf dem nahe Marburg gelegenen Weingut Erzherzog Johanns die Gelegenheit, Anna dem Bruder vorzustellen. Und wenige Tage später, in Graz, kam es dann zu einem ersten Gespräch. Gründe, aus der Beziehung ein Geheimnis zu machen, gab es nun nicht mehr. Jetzt durften alle wissen, dass Erzherzog Johann eine Frau hatte. Und doch: Annas Stellung in der Gesellschaft war dadurch noch nicht gesichert. Bis dahin sollten noch einige Jahre vergehen. Erst als Erzherzog Johann 1834 beim Kaiser den Antrag stellte, den Brandhof zum Freigut zu erklären, erfolgte ein erster Schritt in diese Richtung. Der zweite bestand darin, dass der Erzherzog den Kaiser ersuchte, Anna in den Adelsstand zu erheben.

Kaiserin Karoline Auguste, die mittlerweile vierte Gattin des zu diesem Zeitpunkt bereits dreimal verwitweten Kaisers, setzte sich in dieser Angelegenheit für Anna ein. Und als auch Metternich seine Zustimmung erteilte, wurde Anna per Diplom zur Freiin von Brandhofen. Sie erhielt sogar ein hübsches, den Brandhof zeigendes Wappen. Im Winter 1834 wurde Anna schließlich offiziell in die Hofburg eingeladen. Die Kaiserin umging das Hofzeremoniell auf liebenswerte Weise: Sie zog Anna an sich und küsste sie auf beide Wangen.

Die Gräfin von Meran und der steirische Prinz

Auf Kindersegen musste das Paar lange warten. Der Erzherzog ging bereits auf sein 60. Lebensjahr zu. Schon überlegte er, einen heranwachsenden jungen Mann aus seiner Verwandtschaft an Sohnes statt anzunehmen – da kündigte sich während eines Aufenthaltes in Gastein Nachwuchs an. Am 11. März 1839, zehn Jahre nach der Hochzeit, kam schließlich im Michaelerhaus in Wien, dem Absteigequartier des Erzherzogs in der Residenzstadt, das erste und einzige Kind des Paares zur Welt. Es wurde am Tag nach seiner Geburt auf die Namen Franz Ludwig Johann getauft. Am 30. Dezember 1845 verlieh ihm der Kaiser den Namen Graf von Meran. Erzherzog Johanns einziger Sohn heiratete später

Eines der seltenen Familienbilder: Erzherzog Johann, seine Gattin
Anna Plochl, nunmehr Gräfin von Meran, und der gemeinsame
Sohn Franz Ludwig Johann, der zehn Jahre nach der Hochzeit
zur Welt kam.

Theresia Gräfin von Lamberg, das Paar hatte sieben Kinder.
Diese sorgten dafür, dass es heute über 900 Nachkommen des
»steirischen Prinzen« gibt. Der Ehe der Urenkelin von Erzherzog
Johann, Ladislaja Gräfin von Meran und Freiin von Brandhofen,
mit Eberhard de la Fontaine Graf d'Harnoncourt-Unverzagt
entstammt der Dirigent Nikolaus Harnoncourt.

Im März 1850 schließlich stieg auch Anna zur Gräfin auf. Der
junge Kaiser Franz Joseph erhob sie »in Erwägung der ausge-
zeichneten Eigenschaften ...« zur Gräfin von Meran.

Erzherzog Johann wurde für die Steiermark zu einem regelrechten Motor der Modernisierung. Der »steirische Prinz«, wie er

Erzherzog Johann und seine Anna: Das Paar blieb einander
ein Leben lang innig verbunden. Es wurde, nicht nur in der
Steiermark, zum Symbol für eine große Liebe, die alle Standesunterschiede überwindet.

auch heute noch liebevoll genannt wird, war ständig unterwegs,
ihm verdankt das Land zahlreiche Gründungen wie zum Beispiel die Berg- und Hüttenmännische Lehranstalt in Vordernberg, die später nach Leoben verlegt und zur Montanuniversität
wurde. Seiner Initiative war es zu verdanken, dass die Südbahn
nicht durch Westungarn, sondern über den Semmering durch
das Mürz- und Murtal geführt wurde. Zu seinen bedeutendsten
Initiativen zählen das Joanneum in Graz, ein Vorläufer der Tech-
nischen Universität, das Steiermärkische Landesarchiv, die Steiermärkische Landesbibliothek, die Steiermärkische Sparkasse
und die Brandschaden-Versicherungsanstalt, die heutige Grazer

Wechselseitige. Auch Anna engagierte sich zu wohltätigen Zwecken. Sie förderte den Bau eines kleinen Kinderspitals in der Grazer Klosterwiesgasse und setzte sich für seine Vergrößerung ein, sodass 1877 das nach ihr benannte Anna-Kinderspital in der Grazer Mozartgasse in Betrieb gehen konnte.

Als Erzherzog Johann 1848 von der Frankfurter Nationalversammlung zum deutschen Reichsverweser gewählt wurde und in einem regelrechten Triumphzug unter Kanonendonner und Glockengeläute in Frankfurt Einzug hielt, war Anna zwar nicht an seiner Seite, sie folgte ihm aber, sobald er die Amtsgeschäfte übernommen hatte. Und als der Traum von der deutschen Einheit zerbrach und Johann am 10. Dezember 1849 als Reichsverweser zurücktrat, kehrte sie gemeinsam mit ihm in die Steiermark zurück. Er wurde 1850 der erste frei gewählte Bürgermeister des Marktes Stainz in der Weststeiermark, wo er zehn Jahre zuvor für 250 000 Gulden das ehemalige Chorherrenstift und heutige Schloss Stainz erworben hatte. In den folgenden Jahren lebte die Familie in Stainz, in Graz, in Gastein und auf dem Brandhof.

Erzherzog Johann starb am 11. Mai 1859 im Palais Meran in Graz. Begraben wurde er im Familienmausoleum von Schloss Schenna bei Meran – es war sein ausdrücklicher Wunsch, wenigstens im Tode in sein geliebtes Tirol zurückzukehren. Anna überlebte ihn um 16 Jahre, sie starb am 4. August 1885 in ihrem Geburtshaus in Aussee. Dem Wunsch des Erzherzogs entsprechend fand auch sie ihre letzte Ruhestätte in der Gruft von Schloss Schenna. Das Andenken an dieses außergewöhnliche Paar und die große Liebe, die es alle Standesunterschiede überwinden ließ, lebt in der Steiermark auch heute noch fort.

Erzherzog Heinrich und die Sängerin Leopoldine Hofmann

(9. Mai 1828 – 30. November 1891,
29. November 1842 – 29. November 1891)

Heimlich und ohne Einwilligung des Kaisers heiratete Erzherzog Heinrich die Liebe seines Lebens, die Sängerin Leopoldine Hofmann. Die Folgen des Skandals waren schwerwiegend: Der Erzherzog musste aus dem Kaiserhaus ausscheiden. Einzigartig für das Haus Habsburg, erhielt er später seine erzherzoglichen Rechte zurück. Das Ende des Paares war ebenso dramatisch wie seine Liebesgeschichte: Beide starben in derselben Nacht.

Kindheit und Jugend

Es gab Zeiten im Leben von Kaiser Franz Joseph, da wirkte der Name Erzherzog Heinrich auf ihn wie das sprichwörtliche rote Tuch. Dieser Name wurde für ihn zum Synonym für Ungehorsam und Missachtung der habsburgischen Hausgesetze. Noch Jahrzehnte später, als Erzherzog Leopold darum ansuchte, die »Künstlerin Adamovic« heiraten zu dürfen, zischte der Kaiser empört: »Das haben wir dem Beispiel Heinrichs zu verdanken! Bald werden alle Erzherzöge Künstlerinnen heiraten!«[1]

Dabei war Erzherzog Heinrich alles andere als ein Aussteiger wie Leopold Wölfling oder ein aufmüpfiger Rebell wie Johann Orth. Ganz im Gegenteil: Geboren 1828 als fünfter Sohn von Erzherzog Rainer, Vizekönig von Lombardei-Venetien, und

Elisabeth von Savoyen-Carignan, wuchs er in wohlgeordneten Verhältnissen in Mailand auf. Die Zeiten waren zwar turbulent, die italienische Einheitsidee griff längst immer heftiger um sich, Erzherzog Rainer gelang es aber dennoch, von seinen Regierungssitzen Mailand und Venedig aus wichtige Reformen durchzusetzen. Er führte ein neues Münzsystem ein, kurbelte die Industrie an und förderte den Ausbau von Straßen über die Alpen. Bis 1848. Dann brach auch in Mailand die Revolution aus, und der Vizekönig musste sich auf Weisung des Wiener Hofes samt Hofstaat und Kanzlei nach Verona begeben. Wenig später zog er sich ganz von den Staatsgeschäften zurück und übersiedelte mit seiner Familie nach Bozen.

Erzherzog Heinrich war zu diesem Zeitpunkt nicht mehr in Mailand. Wie für die meisten männlichen Mitglieder des Kaiserhauses war auch für ihn eine Militärkarriere vorgesehen, und diesem Plan fügte er sich widerspruchslos. Er machte die übliche Offizierslaufbahn und trat dann in den »activen Dienst« ein. Im Juni 1852 wurde er zum zweiten Oberst des damals in Graz liegenden 14. Infanterie-Regiments ernannt. 1856 zum ersten Inhaber des 62. Infanterie-Regiments und 1857 zum Generalmajor und Brigadier befördert, war er in den Jahren 1857 bis 1859 in Linz stationiert. Seine damalige Stellung schildert die »Tagespost« in ihrem Nachruf: »Er erfreute sich hier durch seine Leutseligkeit und warme Antheilnahme an allen Vorkommnissen der hiesigen Stadt, durch seinen Kunstsinn einer außergewöhnlichen Popularität, wozu auch seine äußere Erscheinung, eine wahre Hünengestalt und männliche Schönheit … beitrug. Noch heute spricht man in Linz mit großer Liebe und Verehrung vom Erzherzog Heinrich. Im Jahre 1859 wurde Erzherzog Heinrich Feldmarschall-Lieutenant und Militärtruppen-Commandant in Graz.«[2]

Gerade der im Nachruf erwähnte Kunstsinn des Erzherzogs war es, der seinem Leben in Graz eine schicksalhafte Wende gab. Der frischgebackene Truppenkommandant, wie die meisten Mit-

Nahezu hünenhaft gewachsen, war Erzherzog Heinrich eine
stattliche, imponierende Erscheinung. Die Zeitungen bezeichneten
ihn sogar als männliche Schönheit.

glieder des Hauses Habsburg ein leidenschaftlicher Theatergeher,
verliebte sich in Leopoldine Hofmann, eine 22-jährige Sängerin,
die in Graz innerhalb kürzester Zeit zum Publikumsliebling geworden war. Und die ausgerechnet gegenüber vom Militärkom-
mando, also dem Arbeitsplatz des Prinzen, wohnte. In dem Haus

in der Bürgergasse, in dem sich heute das beliebte Lokal »Stain-
zerbauer« befindet.

Eine Operettenkarriere in Graz

Leopoldine Hofmann stammte aus Krems an der Donau. Sie war
als Tochter eines Archivbeamten in bürgerlichen Verhältnissen
aufgewachsen. Schon in jungen Jahren erregte der eigenartige
Schmelz ihrer Stimme Aufmerksamkeit. Im Kremser Kirchen-
chor zeigte sich ihre besondere Musikalität, und auch beim Sprechen hatte ihre Stimme einen melodischen Klang. So lag es nahe,
dass dem Vater von verschiedenen Seiten zu einer entsprechen-
den Ausbildung seiner Tochter geraten wurde. Dieser willigte
schließlich ein, er schickte Leopoldine ans Musikkonservatorium
nach Wien.

Wie richtig diese Entscheidung war, zeigte sich umgehend:
Leopoldines Talent war unüberhörbar, sie zählte dort bald zu
den besten Schülerinnen. Sie bestand auch die Abschlussprüfung
mit so großem Erfolg, dass sie gemeinsam mit ihrer langjährigen
Weggefährtin, der späteren Hofopernsängerin Berta Ehnn mit
der Großen Silbernen Medaille ausgezeichnet wurde. Bei dieser
Abschlussprüfung wurden auch für beide gleich die Weichen für
die Zukunft gestellt: In der Jury saß Eduard Kreibig, der neu ernannte Direktor des Ständischen Theaters in Graz. Er engagierte
die beiden Debütantinnen vom Fleck weg.

In Graz gab Leopoldine Hofmann ihr Bühnendebüt in Franz
von Suppés komischer Oper »Das Pensionat«. Die junge Sängerin eroberte das Publikum auf Anhieb. Allerdings nicht nur
aufgrund ihrer ganz außergewöhnlichen Stimme, sondern auch
wegen ihres liebenswürdigen Wesens und ihres angenehmen
Äußeren. Journalisten wussten vor allem ihre hohe Gestalt zu

Der aus Krems stammenden Künstlerin Leopoldine Hofmann
war es mit ihrer außergewöhnlich schönen Stimme und ihrem
angenehmen Äußeren gelungen, das Grazer Theaterpublikum auf
Anhieb zu begeistern.

loben, »das von dunklen Brauen mächtig umschattete Auge« und
den edlen Gesichtsschnitt. Und dann merkten sie noch an, der
feine Schnurrbartanflug über den rosigen Lippen verleihe ihrer
Erscheinung einen besonderen Reiz.[3]

Das Ständische Theater erlebte gerade in der Zeit, in der Leopoldine Hofmann nach Graz kam, stürmische Zeiten. Es hatte

mit enormen finanziellen Schwierigkeiten zu kämpfen und musste seine Position gegen die Konkurrenz des neu eröffneten Thalia-Theaters verteidigen. Direktor Kreibig gelang es aber dennoch, die Probleme in den Griff zu bekommen und überdies noch Neuerungen wie das Gaslicht einzuführen. Was Kreibig zugutekam, war die Begeisterung des Publikums für eine neue Musikrichtung – die Operette. Jacques Offenbach war zu jener Zeit der ungekrönte König dieses Genres, seine Werke boten auch in Graz Künstlern die Möglichkeit, das Publikum mitzureißen. Auch Leopoldine Hofmann profitierte davon. Sie stand in »Orpheus in der Unterwelt« ebenso auf der Bühne wie in »Hochzeit bei Laternenschein« oder »Meister Fortunio«. Zu ihrem Repertoire zählten aber auch Werke von Franz von Suppé wie »Zehn Mädchen und kein Mann« oder »Flotte Burschen«. Zu ihrer Paraderolle entwickelte sich die »Martha« in Charles Gounods Opern-Erfolg »Faust«, der später in »Margarethe« umbenannt wurde. Daneben sang sie aber auch in zahlreichen Verdi-Opern wie »Troubadour« oder »Rigoletto« – und begeisterte ihr Publikum, auf der Bühne und in den Salons der Grazer Gesellschaft.[4] Sie wurde immer wieder zu den großen Soiréen der steiermärkischen Aristokratie geladen und war ein gern gesehener Gast der Familien Prokesch-Osten, Schönfeld und Auersperg.

Zu den glühendsten Verehrern der gefeierten Künstlerin, die es übrigens verstand, sich aus allen Theater-Intrigen herauszuhalten und sich einen makellosen Ruf zu erhalten, zählte Erzherzog Heinrich. Er versäumte bald keine Vorstellung, in der Leopoldine Hofmann auftrat. Dass die verehrte Künstlerin quasi seine Nachbarin in der Bürgergasse war, gab ihm überdies Gelegenheit, sie oft zu sehen. So kam sich das Paar näher und die beiden verliebten sich. Und dann geschah etwas ganz, ganz Ungewöhnliches: Erzherzog Heinrich machte Leopoldine Hofmann einen Heiratsantrag.

Der Prinz und die Sängerin

Der Prinz und die Sängerin – das war zu der damaligen Zeit völlig undenkbar. Eine Liaison, ja, jederzeit, aber Heirat? Ausgeschlossen! Als Erzherzog war Heinrich an die Hausgesetze des Kaiserhauses gebunden, sich darüber hinwegzusetzen und seinem Herzen zu folgen, war praktisch unmöglich. Sobald das Vorhaben des Erzherzogs bekannt wurde, begann es im Kaiserhaus auch tatsächlich zu kochen und zu brodeln. Der Reihe nach tauchten die Brüder des Erzherzogs in Graz auf, alle in derselben Mission: Sie sollten auf allerhöchsten Wunsch Heinrich dazu überreden, seinen Plan fallen zu lassen. Das Gegenteil trat ein. Erzherzog Heinrich ließ die Porträts seiner Eltern, Erzherzog Rainer und Elisabeth von Savoyen, in die Wohnung von Leopoldine Hofmann schaffen. Feierlich und ernst wiederholte er dann im Angesicht der Bilder seiner Eltern sein Eheversprechen.

Das Jahr 1866 bedeutete für das verlobte Paar eine schmerzliche Trennung. Erzherzog Heinrich musste mit der Südarmee nach Italien ziehen. Auch diesmal setzte er einen äußerst ungewöhnlichen Schritt: Er verfasste ein Testament, in dem er bestimmte, dass seine Brüder im Falle seines Ablebens die finanzielle Versorgung Leopoldine Hofmanns zu übernehmen hätten.

Während Erzherzog Heinrich den Italien-Feldzug als zugeteilter General beim 9. Corps mitmachte, sich in der Schlacht von Custozza durch besondere Tapferkeit auszeichnete und das Militär-Verdienstkreuz verliehen bekam, gab Leopoldine Hofmann Benefizkonzerte für die Kriegsverwundeten in der Heimat, zuerst in Bad Gleichenberg und dann in Tobelbad.

Das Kaiserhaus fuhr indes schwere Geschütze auf, um zu unterbinden, was nicht sein durfte. Leopoldine Hofmann erhielt in Graz Besuch aus höchstem Hause. Die Tagespost schrieb später in ihrem Nachruf: »Indessen war in den betheiligten Kreisen dies Verhältnis kein Geheimnis geblieben, und man ließ nichts unversucht, das Paar zu trennen. Fürstliche Angebote, der Künstlerin gestellt, scheiterten an deren offenem Freimuthe. ›Ich liebe den Prinzen nicht seines Standes und Ranges wegen, ich liebe ihn als Mann. Ich hoffe nichts, ich will nichts, als ihn immer lieben dürfen, ich trage keinen versteckten Ehrgeiz in meiner Brust, aber ich werde, wenn meines geliebten Heinrich Stimme mich auffordert, sein Weib zu werden, hochbeglückt dieser Stimme folgen. Nun wissen Sie alles.‹ Das waren die Worte, welche sie dem hochgestellten Cavalier entgegnete, der, mit der Mission betraut, die Sängerin zum Aufgeben ihrer Ansprüche zu bewegen, seinen Auftrag ins Werk zu setzen begann.«[5]

Der Versuch, die Sängerin mit einem hohen Geldbetrag abzufinden, war also gescheitert. Das Kaiserhaus ließ trotzdem nicht locker. Kaum aus dem Italien-Feldzug nach Graz zurückgekehrt, versetzte es Erzherzog Heinrich als Divisionär nach Brünn. Die Tagespost schrieb: »Doch auch diese Trennung vermochte nichts in seinen Gefühlen zu ändern. Als er, dem höheren Befehle gehorchend, Abschied von Leopoldine nahm, nannte er sie seine Braut und richtete an sie die Bitte, die Bühne zu verlassen, da er sie als schlichtes bürgerliches Mädchen vom Elternhause weg zum Traualtare führen wollte.«[6]

Das Machtwort des Kaisers

Leopoldine Hofmann war vertraglich an das Grazer Theater gebunden, sie konnte nicht von einem Tag auf den anderen kündigen. Sie trat noch in zwei neu einstudierten Rollen in »Orpheus« von Christoph Willibald Gluck und in »Der Prophet« von Giacomo Meyerbeer auf. Letztere Oper wurde zu ihrer Abschiedsvorstellung. Das Publikum spendete ihr für ihre Leistung als »Fides« tosenden Beifall und bedachte die scheidende Künstlerin mit Blumen und Gedichten. Die Kritik bedauerte ihren Abgang von der Bühne besonders, denn gerade jetzt beginne sich ihr Talent entschieden Bahn zu brechen, wurde betrübt vermerkt.

Leopoldine Hofmann verließ Graz im Herbst 1867 und zog nach Hütteldorf bei Wien. Dort, im Hause ihrer Schwester und ihres Schwagers Dr. Oppenauer, lebte sie in strengster Zurückgezogenheit und wartete auf Weisungen des Erzherzogs. Bald überschlugen sich die Ereignisse. Erzherzog Heinrich suchte am 21. September um Urlaub auf unbestimmte Zeit an. Dann wurde er beim Kaiser vorstellig. Leopold Wölfling, der sich Erzherzog Heinrich verbunden fühlte und der auch in der Lebensgeschichte gewisse Gemeinsamkeiten ortete, schildert das Gespräch in seinen Erinnerungen:

»›Zu dieser Heirat wird es nicht kommen!‹ rief Franz Joseph erzürnt aus, als Heinrich ihm seine Absicht mitteilte.

›Es wird dazu kommen!‹ sagte Heinrich ruhig und entschieden.

›Ich verbanne dich aus Österreich!‹

›Bitte.‹

›Ich nehme dir deinen Titel und alle Rechte!‹

›Eure Majestät können mir alles nehmen. Nur mein Leben gehört mir, und ich werde es der geben, die mich liebt!‹« [7]

Tatsächlich reiste Erzherzog Heinrich nach Bozen, um dort Vorkehrungen für die Hochzeit zu treffen. Mit 1. Januar 1868 trat er aus dem Militärverband aus. Von da an flogen zwischen Bozen und Hütteldorf Briefe nur so hin und her. Anfang Januar bat der Erzherzog Leopoldine, sich zur Abreise bereitzuhalten und »fleißig am Brautkleide zu nähen«, das nach seinem Wunsch von schlichtem weißen Mousselin sein sollte. Am 2. Februar bat er sie in einem neuen Schreiben, möglichst rasch nach Bozen abzureisen. In einem anderen Brief an »Frau Doctor Oppenauer« ersuchte er die Schwester seiner Braut in Ermangelung der Mutter um ihren Segen und versicherte, dass Leopoldine sein höchstes Glück ausmache.

Leopoldine Hofmann und ihre Schwester machten sich unverzüglich auf den Weg. Am 5. Februar 1868 fand in der Hauskapelle des erzherzoglichen Palais in Bozen die Trauung statt. Sie stand an Skurrilität der Trauung von Erzherzog Johann mit Anna Plochl, die zu mitternächtlicher Stunde in der Kapelle des Brandhof erfolgt war, kaum nach.

Die Hochzeit und ihre Folgen

Erzherzog Heinrich hatte für den 4. Februar 1868 zu einem Souper in das erzherzogliche Palais in Bozen geladen. Die Ankommenden überraschte er mit der Eröffnung, er wolle in Gegenwart des Pfarrers und zweier Zeugen dieses hier anwesende Fräulein zu seiner Frau erklären. Die Gäste waren verblüfft, es fehlten ihnen die Worte. Leopoldine hatte trotz ihres Charmes und ihrer Liebenswürdigkeit größte Mühe, eine Konversation in Gang zu bringen. Als das Souper endlich zu Ende war und die Gäste sich verabschiedeten, bat der Erzherzog den Geistlichen, Domherrn von Mayerhausen, noch ein wenig zu bleiben. Dieser war zwar über das Vorhaben des Erzherzogs unterrichtet und hatte in dieser Angelegenheit sogar schon zweimal beim Fürstbischof von Trient interveniert; dass die Trauung aber an diesem Abend erfolgen sollte, hatte man ihm verschwiegen.

Ähnlich wie Anna Plochl, die auch spät nachts in aller Heimlichkeit verschwunden war, um ihr Festtagsdirndl anzuziehen und sich dann in die Kapelle des Brandhofs begeben hatte, zog auch Leopoldine sich zurück, wechselte ihr einfaches schwarzes Kleid gegen das schlichte weiße Mousselinkleid und erschien mit Schleier und Brautkranz wenig später in der Kapelle des Palais.

Dort vollzog Domherr von Mayerhausen die Trauung in Gegenwart zweier erzherzoglicher Hausbeamter als Zeugen und des
k.k. Notars Dr. Knofloch. Alle Beteiligten wurden zu strengstem
Stillschweigen verpflichtet.

Die Nachricht von der Trauung verbreitete sich dennoch wie
ein Lauffeuer. Sie war ohne Zustimmung des Kaisers erfolgt,
entsprechend hoch gingen die Wellen, und zwar gleichermaßen
in klerikalen wie in liberalen Kreisen. Empörte Stimmen wurden laut, die ein Disziplinarverfahren gegen den Domherrn von
Mayerhausen forderten, andere übten heftige Kritik an Fürstbischof Riccabona, der diese Eheschließung angeblich befürwor-
tet habe. Schließlich gab die Kirche sogar ein Bulletin heraus, das
die Verantwortung für die Eheschließung einzig und allein dem
Erzherzog zuschrieb und nicht dem Priester.

Weitaus schwerwiegender für das jung vermählte Paar waren
die Konsequenzen, die das Kaiserhaus zog. Als erste Maßnahme
wurden die Güter Erzherzog Heinrichs eingezogen. Mit ihrer
Verwaltung wurde Erzherzog Rainer betraut, der Bruder des
ungehorsamen Erzherzogs. Heinrich bekam aber immerhin eine
Apanage von 40 000 Gulden zugesprochen. Als nächste Maßnahme hatte das Paar den Boden der österreichisch-ungarischen
Monarchie zu verlassen. Es fuhr nach der Trauung vorerst nach
Bayern, dabei bediente sich der Erzherzog des Pseudonyms
»Graf Waideck«, Leopoldine reiste unter ihrem Mädchennamen.
Schließlich hatte Erzherzog Heinrich den Militärdienst zu quit-
tieren. In ihrer Ausgabe vom 15. Februar 1868 meldete die »Tagespost«: »Se. k.k. Hoheit Erzherzog Heinrich, der sich kürzlich
vermählte, verweilt dermalen in Bayern. Sicherem Vernehmen
nach hat Se. K. Hoheit nun die Enthebung von der Feldmar-
schall-Lieutnantswürde sowie von der Inhaberschaft des Infanterie-Regiments Nr. 62 nachgesucht.«

Das Ansuchen wurde am 16. Februar 1868 bewilligt. Jetzt war
der Erzherzog ein Zivilist und Privatmann, der Rang und Wür-

den abgelegt hatte. Er musste zwar schwere materielle Einbußen hinnehmen, war finanziell aber dennoch abgesichert. Gemeinsam mit seiner angetrauten Ehefrau ging er in die Schweiz und ließ sich in Luzern nieder. Dort verbrachte das Paar vier glückliche, überaus harmonische Jahre. Wie Zeitungen zu berichten wussten, lebte es »zurückgezogen und doch leutselig« und fand auch in der Fremde bald neue Freunde.

Eine glückliche Wendung

Die alten Freunde des Erzherzogs blieben indes nicht untätig. Sie wurden nicht müde, ihren Einfluss beim Kaiser geltend zu machen und diesen zu ersuchen, die gegen Heinrich verfügten Maßnahmen zurückzunehmen. Allen voran bemühte sich die fürstliche Familie Auersperg um eine Aussöhnung. Sogar die Stadtgemeinde Bozen, die stolz darauf gewesen war, Erzherzog Rainer bis zu seinem Tod 1853 als Wohnsitz gedient zu haben, setzte sich beim Kaiser dafür ein, dem Erzherzog die Rückkehr zu erlauben. Alle diese immer wieder vorgetragenen Bitten und Ansuchen verfehlten ihre Wirkung schließlich nicht.

Im Jahr 1872 wendete sich alles zum Guten. Im Juli wurde Heinrich und Leopoldine in Luzern ihr erstes und einziges Kind geboren, die Tochter Maria Raineria. Bald danach kam es in Ofen zur Aussöhnung des Erzherzogs mit dem Kaiser, und diese verlief überaus emotional. Heinrich hatte dem Zusammentreffen mit dem Kaiser mit größter Unruhe und Bangigkeit entgegengesehen, es hatte ihn schwer bedrückt, dass er »seinen kaiserlichen Herren gekränkt und seinem väterlichen Herzen wehgetan hatte«.[8] Der Kaiser aber zeigte sich überaus großzügig und warmherzig. Er ging auf Heinrich zu und umarmte den Erzherzog, der mittlerweile vor Rührung in Tränen ausgebrochen war: »Nun ist alles,

alles gut, alles ist verziehen.« Heinrich schilderte seinem Freund, dem Grafen Huyn, diese für ihn so wichtige Begegnung mit den Worten: »Mir ist er ein Gott gewesen. Jetzt erst kann und werde ich mich meines häuslichen Glückes wirklich erfreuen.«[9]

Die Gründe dafür, dass der Kaiser einlenkte, lagen auf der Hand: Zum einen schätzte und achtete er Heinrich dafür, dass er sich stets tadellos verhalten hatte und dass er eine vorbildliche Ehe führte. Und zum anderen war er sich der Tatsache bewusst, dass Heinrich in dynastischer Hinsicht keine wichtige Rolle spielte. Er stammte aus einer unbedeutenden Seitenlinie des Hauses Habsburg und war Lichtjahre von der Thronfolge entfernt.

Grund zur Freude gab es dennoch bald in reichlichem Ausmaß. Heinrich erhielt seine erzherzoglichen Rechte zurück, er durfte auf österreichisches Territorium zurückkehren und bezog mit seiner Familie sein ererbtes Palais in Bozen. Leopoldine Hofmann wurde in den Adelsstand erhoben, sie wurde zur Freifrau von Waideck und später, ab 1878, zur Baronin von Waideck. Erzherzog Heinrich erhielt auch seinen militärischen Rang als Feldmarschall-Lieutnant zurück, er wurde zum Inhaber des 51. Infanterie-Regiments ernannt.

In Bozen wurde das in der Mustergasse gelegene Palais von Erzherzog Heinrich, das als bescheidener, aber gastfreundlicher Haushalt geführt wurde, bald zum Mittelpunkt ungezwungener gesellschaftlicher Zusammenkünfte. Die Einrichtung des Hauses war weit entfernt von Prunk und Pomp, es strahlte jedoch einfache, gediegene Eleganz aus, und in dem liebevoll gepflegten Garten gediehen in Glashäusern exotische Gewächse. Der Erzherzog und seine Familie nahmen regen Anteil an den Angelegenheiten der Stadt, sie übten sich in Wohltätigkeit und waren überaus beliebt. Leopoldine wurde sogar Präsidentin des Roten Kreuzes. Den Sommer verbrachte die Familie meist in einem bescheidenen Landhaus am Brenner. Das Palais in Bozen sah oft

Eine glückliche Familie: Erzherzog Heinrich und Leopoldine
Hofmann, die für ihre Liebe vehement gekämpft hatten, und ihre
einzige Tochter Maria Raineria.

erlauchte Gäste. Wann immer sich der Kaiser oder andere Mitglieder des Kaiserhauses in der Gegend befanden, statteten sie
Erzherzog Heinrich einen Besuch ab. Baronin Waideck wurde
geschätzt und respektiert, dank ihres Taktes und ihrer Liebenswürdigkeit schwanden bald alle auch noch so kleinen Reste der
einstigen Verstimmung. Das zeigte sich auch jedes Mal, wenn
sich das Paar in der Haupt- und Residenzstadt Wien aufhielt.

Wie positiv sich die Anwesenheit des erzherzoglichen Paares

auf das Gesellschaftsleben der Stadt Bozen auswirkte, lässt der Artikel eines Journalisten erahnen. Er vermerkte nicht ohne Seitenhieb auf die Geldaristokratie und die »Advocatenclique« der Stadt, Leopoldine werde es den Bozener Damen schon zeigen, dass man reich und dabei doch sehr liebenswürdig sein könne. Darüber, dass das Paar im erzherzoglichen Palais in Bozen in ungetrübtem Glück eine mustergültige Ehe führte, herrschte jedenfalls Einigkeit bei allen Besuchern. Umso erschütternder war die Tatsache, dass ihr Glück völlig unerwartet zerstört wurde. Durch einen ebenso überraschenden wie grausamen Schicksalsschlag.

Krankheit und Tod

Erzherzog Heinrich war im November 1891 mit Gattin und Tochter aus Bozen nach Wien gereist, um an den Hochzeitsfeierlichkeiten von Erzherzogin Louise von Toscana und Prinz Friedrich August von Sachsen teilzunehmen. Die Familie logierte in mehreren Appartements des Hotels Sacher. Für die mittlerweile 19 Jahre alte, zu einer Schönheit herangewachsene Maria Raineria war dies die Gelegenheit, zum ersten Mal »in die Welt« eingeführt zu werden. Umso größer waren der Stolz und die Freude, mit denen Eltern und Tochter an dem für 173 allerhöchste Gäste ausgerichteten Galadiner im Redoutensaal teilnahmen, das den Auftakt zu den mehrtägigen Festlichkeiten bildete. Am Abend ging im Hofoperntheater eine Festvorstellung des »Lohengrin« über die Bühne. Auch zu diesem überaus glanzvollen Ereignis, zu dem die Damen in großer Gala erschienen, waren Erzherzog Heinrich und seine Familie geladen. Diesmal kam allerdings der Standesunterschied zum Tragen: Während für den Erzherzog ein Platz in der Hofloge reserviert war, mussten sich Baronin und Baronesse mit einer Parterreloge begnügen.

Die Familie wohnte am Samstag, dem 21. November, auch noch der feierlichen Trauung in der Augustinerkirche bei. Wenige Tage später, am folgenden Mittwoch, kündigte sich aber die Katastrophe an. Erzherzog Heinrich und seine Gemahlin unternahmen abends einen Spaziergang auf der Ringstraße. Das Paar war noch nicht lange gegangen, da begann Erzherzog Heinrich über ein plötzliches Unwohlsein zu klagen. Gleichzeitig traten bei Baronin Waideck dieselben Krankheitssymptome auf. Das Paar kehrte sogleich in seine Appartements im Hotel Sacher zurück, Ärzte wurden gerufen, und bald stand die Diagnose fest: Es handelte sich in beiden Fällen um den Beginn einer Lungenentzündung. Die Ärzte ordneten an, die beiden Patienten in voneinander getrennte Zimmer zu bringen.

Ein Heer von Ärzten und Pflegern bemühte sich um die beiden Kranken. Doch ihre Bemühungen waren vergebens. Die Krankheit machte rapide Fortschritte. Baronesse Maria Raineria erlebte einen regelrechten Alptraum. Sie eilte Tag und Nacht von einem Krankenzimmer in das andere. Baronin Waideck bewies noch todkrank Größe: Sie bat Frau Sacher an ihr Krankenlager und entschuldigte sich für die Unannehmlichkeiten, die im Hotel durch die Krankheit verursacht worden waren.

Die plötzliche schwere Erkrankung des Paares setzte ganz Wien unter Schock. Der Kaiser ließ sich laufend über den Fortgang der Erkrankung berichten, Mitglieder des Kaiserhauses fanden sich im Hotel Sacher ein und wachten an den Krankenlagern. Die Zeitungen informierten ständig über das Befinden der Patienten. Am Sonntag, den 29. November, wurde am Morgen ein ärztliches Bulletin über den Zustand der Baronin herausgegeben: »In beiden Lungen die Entzündungsherde stärker ausgebreitet. Zeitweilig stockender Auswurf. Fieber hoch. Puls frequent und wenig kräftig.«[10]

Am frühen Nachmittag erschienen weitere Professoren bei der Patientin, aber auch sie konnten nicht mehr helfen. Es war klar,

Maria Raineria wurde nach dem Tod ihrer Eltern von Heinrichs
Bruder Rainer adoptiert.

dass sie nur noch Stunden zu leben hatte. Baronin Waideck verfiel in Agonie und um 5 Uhr nachmittags erlöste sie der Tod von
ihren Leiden. Es war der Tag ihres 49. Geburtstages.

Zu dem Zeitpunkt, in dem Baronin Waideck starb, war auch
der Zustand von Erzherzog Heinrich bereits hoffnungslos. Gegen
Abend stellten sich laut dem auch für diesen Patienten herausge-
gebenen ärztlichen Bulletin »die charakteristischen Symptome

des nahenden Todes, Cyanose und totale Bewußtlosigkeit, sowie die Rasselgeräusche ein.«[11]

Der Erzherzog kämpfte tapfer gegen den Tod an, am Morgen aber war der Kampf verloren. Erzherzog Heinrich starb, ohne das Bewusstsein wieder erlangt zu haben. Einige Zeitungen brachten Extra-Ausgaben heraus, andere verliehen dem allseitigen Mitgefühl in rührenden Worten Ausdruck. So schrieb die »Presse«: »Ein erschütterndes Ereigniß setzt das Kaiserhaus in tiefe Trauer. Erzherzog Heinrich ist heute Morgens der tückischen Krankheit erlegen, die ihn vor wenigen Tagen befallen hat; er ist seiner Gemahlin, der Frau Baronin Waideck, in den Tod gefolgt, die gestern Abends das Opfer desselben Leidens geworden war. Kein menschlich fühlendes Herz kann von einer solchen Fülle ergreifendster Tragik unberührt bleiben. Innerhalb weniger Stunden wird ein Ehepaar hinweggerafft, das einst die Liebe und nur die Liebe geeint hat und dessen stilles Leben durch den reinen Genuß häuslichen Familienglücks ausgefüllt war. Es ist, als hätte selbst der Tod dieses Band der Zärtlichkeit nicht zerreißen können.«[12]

Die Trauerfeierlichkeiten verliefen streng nach Zeremoniell des Hauses Habsburg. Die beiden Leichen wurden zuerst in das Palais Rainer überführt, in dem in aller Eile ein Trauergemach eingerichtet worden war, und das sich bald mit Kränzen und Blumenspenden füllte. Der Reihe nach erschienen der Kaiser, Angehörige des Kaiserhauses und Angehörige des europäischen Hochadels zu einem Kondolenzbesuch. Am 5. Dezember wurde der Leichnam der Baronin Waideck eingesegnet und zum Südbahnhof gebracht. Beim Erzherzog kam auch jetzt seine hohe Herkunft zum Tragen. Sein Leichnam wurde in die Augustinerkirche überführt, dort feierlich eingesegnet und erst dann zum Südbahnhof gefahren. In einem schwarz ausgelegten Waggon eines Separatzuges wurden die beiden Toten schließlich nach Bozen überführt. Dort wurden sie am 9. Dezember in der Familiengruft zur letzten Ruhe gebettet. Neben zahlreichen hohen Würdenträgern erwies ganz Bozen dem Paar die letzte Ehre.

Baronesse Maria Raineria, die ihre Eltern auf so tragische Weise innerhalb kürzester Zeit verloren hatte, wurde von Heinrichs Bruder Rainer adoptiert. Wenig später in den Grafenstand erhoben, heiratete sie 1892 Graf Enrico Lucchesi-Palli. Ein Bruder ihres Mannes heiratete 1906 Prinzessin Beatrix von Bourbon-Parma, eine Halbschwester Zitas, der späteren Gemahlin des letzten österreichischen Kaisers Karl. So kam die Tochter des Erzherzogs abermals in ein Nahverhältnis zu dem Kaiserhaus, aus dem ihr Vater stammte.

»Enfant terrible« Johann Orth und die Tänzerin Milli Stubel

(25. November 1852 – Juli 1890, 11. September 1852 – Juli 1890)

Ein Erzherzog, der seine freimütigen, ja rebellischen Ansichten ausposaunte, der Sturm lief gegen verzopfte Zustände in der Armee und der überdies mit einer Balletttänzerin liiert war: Erzherzog Johann Salvator segelte lang auf Kollisionskurs mit dem Kaiser. Es kam aber noch schlimmer. Er trat als erster Erzherzog aus dem Kaiserhaus aus, heiratete seine Geliebte, wurde Seefahrer und ging – vermutlich – mit Mann und Maus vor der Küste Südamerikas unter. So wurde Johann Orth zu einem Mitglied des Hauses Habsburg, das Kaiser Franz Joseph wohl besonders wenig ersparte.

Gianni, der Toskaner

Seit der Tragödie von Mayerling waren acht Monate vergangen. Der Schock nach dem tragischen Selbstmord von Kronprinz Rudolf war noch längst nicht überwunden. Da landete am 8. Oktober 1889 ein Schreiben auf dem Schreibtisch des Kaisers. Erzherzog Johann Salvator ersuchte um Entlassung aus dem Kaiserhaus. Er wolle seinen Lebensunterhalt fortan zur See suchen, fern von seinem Vaterland. Kaiser Franz Joseph glaubte seinen Augen nicht zu trauen: Nie zuvor hatte ein Mitglied des Kaiserhauses freiwillig auf all seine Rechte und Privilegien, auf Ansehen, Würde und Titel verzichtet. Nie zuvor war es einer derart hochgestellten Persönlichkeit eingefallen, sogar seine finanzielle Absicherung aufzugeben und seinen Lebensunterhalt als »Bürgerlicher« verdienen zu wollen!

Kaiser Franz Joseph zögerte trotz allem nicht lange. Bereits vier Tage später setzte er seine Unterschrift unter ein Handschreiben, in dem er Johanns Verzicht auf seine Rechte als Prinz des kaiserlichen Hauses genehmigte. Er gestattete ihm die Ablegung der Offizierscharge, ließ ihn als Träger des Ordens vom Goldenen Vlies und als Empfänger seiner jährlichen Apanage streichen, untersagte ihm den Aufenthalt innerhalb der Grenzen der Österreichisch-Ungarischen Monarchie und erlaubte ihm, einen bürgerlichen Namen anzunehmen: Johann Orth. Mit diesem sachlich-kühlen Formalakt setzte er einen Punkt unter ein Kapitel habsburgischer Familiengeschichte, das ihn schon lange nicht mehr gefreut hatte. Dass es keineswegs ein Schlusspunkt war, konnte er freilich nicht ahnen.

Erzherzog Johann Salvator war im November 1852 in Florenz als jüngstes Kind von Großherzog Leopold II. von Toskana, einem überaus liberalen und fortschrittlich denkenden Herrscher, und seiner Gattin Maria Antonia von Neapel-Sizilien zur Welt gekommen. Dem aufgeweckten, vielfach interessierten »Gianni« waren allerdings nur sieben Jahre vergönnt, im Palazzo Pitti eine ungetrübte Kinderzeit zu verleben. 1859 zwangen die politischen Turbulenzen des Risorgimento, der Bewegung zur Vereinigung eigenstaatlicher Fürstentümer zu einem unabhängigen Nationalstaat Italien, den Großherzog dazu, abzudanken und mit seiner Familie das Land zu verlassen. Die großherzogliche Familie bezog vorerst Quartier auf Schloss Schlackenwerth bei Karlsbad (heute Ostrov), erwarb im folgenden Jahr die Herrschaft Brandeis (heute Brandýs) und lebte dort zurückgezogen. Da die Einnahmen aus dem toskanischen Herzogtum weggefallen waren, half Kaiser Franz Joseph fürs Erste mit einer Geldspritze aus. Er gewährte Leopold die stattliche Summe von 80 000 Gulden.

Für die Söhne des gestürzten Großherzogs, für den ältesten, Ferdinand, »Nando«, den zweitältesten, Karl, »Nino«, und die beiden jüngeren, Ludwig, »Luigi«, und Johann, »Gianni«, Salvator bedeutete dies, dass sie ab nun als Erzherzöge von Österreich galten, den Familiengesetzen des Hauses Habsburg unterstanden und in allen privaten und beruflichen Fragen die Genehmigung des Kaisers einzuholen hatten.

Kaiser Franz Joseph mochte die »Toskaner« nicht besonders. Sie waren irgendwie anders als der Rest der habsburgischen Familie. Abgesehen davon, dass sie untereinander italienisch sprachen und den italienischen Lebensstil pflegten, liebten sie die Freiheit und das Meer und waren auf seltsame Weise schwer zu zügeln. Bei den Söhnen Leopolds zeigte sich auch schon früh ein ausgeprägter Hang zu Skurrilität. Dass »Nando« in Salzburg, wo ihm der Kaiser großzügigerweise einen Teil der Residenz überlassen hatte, wie ein Fürst im Exil pompös Hof hielt, war merkwürdig genug. Karl entwickelte sich im Lauf der Jahre zu einem begeisterten Militär, er brachte es bis zum Feldmarschall, tat sich als Waffentechniker und Konstrukteur hervor und teilte mit Kaiser Franz Joseph die Jagdleidenschaft. Sein Sohn Franz Salvator heiratete später die Kaisertochter Valerie. Ludwig Salvator aber übertraf später alles, was es bisher an Merkwürdigkeiten in der Familie Habsburg gegeben hatte. Er wurde ein gelehrter Sonderling, trat meist im »Knitter-Look« auf, bereiste auf seiner Yacht »Nixe« das Mittelmeer und wurde als der »schwimmende Habsburger« zum unermüdlichen Forscher, Zeichner, Geographen und Sammler. Der »Einsiedler von Mallorca« übernahm später Schloss Brandeis.

Dass Gianni ein ganz besonderes Kind war, blieb Kaiser Franz Joseph nicht verborgen. Er fiel durch seine Beobachtungsgabe, sein scharfes Urteil und seine treffenden Bemerkungen auf. Seine ohne Scheu und ohne Rücksicht auf die Etikette gemachten Äußerungen erheiterten Kaiser Franz Joseph immer wieder aufs

Neue. Er war dem munteren, witzigen Jungen ausgesprochen zugetan und sprach von ihm als einem »talentvollen Erzherzoge, der in der Zukunft der österreichischen Geschichte eine grosse Rolle zu spielen berufen« sei.[1]

Von Böhmen aus unternahm der kleine Prinz mit seinem Bruder Luigi, zu dem er später übrigens kaum Kontakt hatte, bereits Reisen zu Verwandten nach Venedig, nach Salzburg zu Nando oder nach Wien an den Kaiserhof. Von unterwegs schrieb er sowohl an seinen Vater als auch an seine Mutter Maria Antonia, die er über alles liebte, zärtlich-respektvolle Briefe – auf Italienisch selbstverständlich. Dass die Mutter ihren jüngsten Sohn am meisten schätzte und in ihn dank seiner raschen Auffassungsgabe, seines Ehrgeizes und seines flinken Geistes auch die meisten Hoffnungen setzte, war unübersehbar. Ebenso, dass sie Ferdinand und Karl für unbedeutend hielt und für Ludwigs »Spinnereien« keinerlei Verständnis zeigte. Gianni wiederum hing mit zärtlicher Hingabe an seiner Mutter, eigentlich sein Leben lang.

Der Außenseiter

Mit seinem zwölften Lebensjahr musste Gianni ganz nach Wien übersiedeln. Der Kaiser hatte offenbar erkannt, dass dieses überbegabte, hochtalentierte Kind drauf und dran war, zu viel Eigenständigkeit zu entwickeln. Jetzt sollte der offenbar schwer zähmbare, eigenwillige kleine Toskaner in die Gepflogenheiten der kaiserlichen Familie integriert werden. Dass dies keine leichte Aufgabe sein würde, war Kaiser Franz Joseph bewusst. Er setzte aber alles daran, den Heranwachsenden zu fördern.

Bei Hof war Erzherzog Johann bald beliebt. Seine Lehrer und Erzieher waren voll des Lobes. Kein Wunder, zeichnete er sich doch durch Fleiß, wachen Geist und ganz überdurchschnittlichen Ehrgeiz aus. Dass der wissbegierige Gianni im Stande war, die ganze Hofburg in Angst und Schrecken zu versetzen, bewies er allerdings auch. In ein weißes Leintuch gehüllt, huschte er einige Nächte hindurch durch die langen, dunklen Gänge der Hofburg, erschreckte die Wachtposten und hatte seinen Spaß daran, zu beobachten, wie sie in Panik vor dem »Hofgespenst« flüchteten.

Die Erziehung Johanns war von Anfang an auf seine spätere Militärkarriere ausgerichtet. Schon im Alter von 13 Jahren wurde er zum Leutnant im Feldjägerbataillon Nr. 9 ernannt. Das war zwar eine reine Formsache, sie wies jedoch in die gewünschte Richtung. Und tatsächlich: Gianni interessierte sich für militärische Fragen und Politik. Was bei dem Heranwachsenden mit den Jahren aber noch stärker hervortrat, waren seine musischen Talente. Er war äußerst phantasiebegabt, begann schon früh zu schreiben und zu komponieren und zeigte zeichnerisches Talent. Später blies er mit großer Leidenschaft Waldhorn und spielte erstklassig Klavier und Zither. Die in der Familie Habsburg weit verbreitete Leidenschaft für die Jagd teilte er nicht, und auch Etikette und höfisches Gehabe waren dem ungestümen, oft aufbrausenden jungen Mann, der immer öfter frei heraus sagte, was er dachte, zuwider. So kam es, dass er es oft vorzog, an Aquarellen, Skizzen oder Ölbildern zu arbeiten, statt sich auf Bällen zu vergnügen, und sich lieber mit neuen Techniken wie der Fotografie beschäftigte, statt an endlos langen, steifen Diners teilzunehmen.

Langsam, mit den Jahren, entwickelte sich Gianni bei Hof zum Außenseiter. Er gefiel sich in dieser Rolle. Und er arbeitete unermüdlich. Seine Kompositionen mussten allerdings ebenso wie seine Gedichte unter Pseudonym erscheinen. Kein Wunder, dass er bereits damals seine hohe Geburt und seinen Stand als Hemmschuh und Zwang empfand. »Wäre ich als Kind bürgerlicher Eltern geboren«, soll er immer wieder geäußert haben, »so

Erzherzog Johann Salvator, »Gianni«, als Heranwachsender.
Schon damals waren ihm Eigenwilligkeit, Entschlossenheit und
ein überaus wacher Geist ins Gesicht geschrieben.

hätte ich wahrscheinlicher Weise mehr gelernt und wohl auch
mehr Zeit zum Lernen gefunden denn als Prinz, da ich als solcher auch an den gesellschaftlichen Verpflichtungen obliegen
musste, die leider viel, sehr viel Zeit in Anspruch nehmen.«[2]

Artilleriekarriere und eine Seereise

Das Jahr 1870 bescherte Erzherzog Johann einen schweren Schicksalsschlag. Sein Vater Leopold war, nachdem sich die politische Lage in Italien entspannt hatte, Ende 1869 nach Rom gereist. In der Nacht zum 29. Januar 1870 verstarb er dort unerwartet. Der Kaiser gestattete Johann aus politischen Erwägungen erst im März, nach Rom zu reisen, um seiner Mutter beizustehen. Das war schwer zu verkraften. Noch schwerwiegender war, dass Kaiser Franz Joseph für den noch nicht volljährigen Gianni ausgerechnet Erzherzog Albrecht zum Vormund bestellte, einen trockenen und phantasielosen Militär, der für die musischen Seiten seines Schützlings nur wenig Verständnis aufbrachte. Und der, wie sich im Nachhinein herausstellte, der Aufgabe nicht gewachsen war, dem ungestümen, freimütigen jungen Erzherzog Zügel anzulegen.

Johann war zu einem attraktiven jungen Mann herangewachsen, der weniger durch seine Erscheinung als durch seinen klaren Blick, seinen regen Geist und seine männliche Entschlossenheit auffiel. Er war eher klein und untersetzt, hatte klare, blaue Augen und hielt das Kinn immer, wie kampfbereit, hoch. Er hatte eine angenehme, warme Baritonstimme, die sich aber überschlug, wenn er hitzig debattierte. Für gewöhnlich sprach er jedoch langsam, mit Bedacht, und oft klang ein ironischer Unterton an. Seinen Mund umspielte meist ein feines, ironisches Lächeln, dann kamen seine schönen, weißen Zähne zum Vorschein.

Im Unterschied zu den meisten anderen Erzherzogen hatte er sich nicht für die Kavallerie, sondern für die Artillerie entschieden. Diese Waffengattung lag ihm. Anfang 1872 legte er die für Stabsoffiziers-Aspiranten der Feldartillerie vorgeschriebene Prüfung zur Beförderung ab – mit Auszeichnung. Im Anschluss daran hatte Kaiser Franz Joseph für den jungen Hitzkopf die Garnison Lemberg in Galizien bestimmt. Das war ein harter Schlag.

Lemberg lag weit, weit von Wien entfernt, und die Atmosphäre in dem entlegenen Außenposten der Monarchie war alles andere als angenehm. Dass in solchen Orten in den Offizierscasinos der Schnaps in Strömen floss und die Offiziere um horrende Summen spielten und sich hoch verschuldeten, war bekannt. Grund genug für Johann, beim Kaiser um Aufschub für seinen Dienstantritt anzusuchen und zuvor noch auf Reisen zu gehen.

Inkognito, unter dem Namen Graf Johann Traunwart, unternahm der Erzherzog eine ausgedehnte Reise durch das Mittelmeer. Er besuchte Ägypten, Konstantinopel, Griechenland und Sizilien und fühlte sich ganz in seinem Element. Das Meer, der Orient, die faszinierenden Städte, die er kennenlernte, alles das war genau nach dem Geschmack des nach Freiheit, Schönheit und neuen Eindrücken dürstenden jungen Mannes.

Die Seereise übertraf die Erwartungen des Erzherzogs bei weitem. Und das in vieler Hinsicht. Gianni war kein Frauenheld; im Unterschied zu Kronprinz Rudolf, der auf die Frauen wirkte wie eine Droge und der später von sich sagte, es habe noch keine Frau gegeben, die ihm widerstanden habe, war er auf diesem Gebiet eher zurückhaltend – zu jenem Zeitpunkt jedenfalls. Irgendwo auf dieser Reise lernte er aber eine junge Engländerin kennen und verliebte sich Hals über Kopf in sie. Die kurze Affäre hatte keine nachhaltige Wirkung, und das Strohfeuer erlosch auch bald wieder, ein Liebesbrief an diese junge Dame gibt jedoch Einblick in seine Gefühle und Gedanken. Dieser Brief, übrigens der einzige Liebesbrief, der von Johann erhalten ist, zeigt, dass er schon damals davon geträumt haben muss, die Zwänge und Verpflichtungen seines Standes einfach über Bord zu werfen: »Herzallerliebster Engel … Ich bin verzweifelt über die Nachricht, daß ich Dir in Zukunft keine Aufmerksamkeit mehr schenken darf. Mein kaiserlicher Rang steht meinem Werben *pour le bon motif* im Weg, sagst Du und Deine verehrte Mutter … Ich hasse meinen Rang und bin entschlossen wie ein Mensch zu leben, nicht wie eine arme Kreatur, die von der Wiege bis zum Grabe verhätschelt werden muß. Es wird an Dir liegen, ob ich weiterhin ein ›Erzherzoglein‹ bleiben muß oder nicht … Ich habe den Mut nach Australien auszuwandern, wo ich zweifellos mein Glück finden würde. Ich wollte Theaterintendant sein, Französisch-, Deutsch- oder Italienischlehrer, Leiter eines Zoos oder eines botanischen Gartens, ich könnte Reitlehrer sein oder ein berittener Hirte … Da Du nie eine Erzherzogin sein kannst, würde es mich glücklich machen, die Erzherzogswürde zurückzulegen, doch hoffe ich, immer Dein liebes Erzherzoglein zu bleiben Johann. – oder, da Du meinen zärtlichen italienischen Namen magst, Giovanni – aber auf gar keinen Fall (Don) Juan.«[3]

Eklat in Rom und andere »G'schichten«

Auf der Rückreise leistete sich Johann in Rom einen Eklat, der bei der europäischen Presse für größtes Aufsehen sorgte. Er, der Sohn des von König Viktor Emanuel II. entthronten Großherzogs, ließ sich genau von diesem König in einer Audienz empfangen. Und das noch dazu, ohne die Genehmigung des Kaisers eingeholt zu haben. Franz Joseph schnaubte vor Wut. Was ihn empörte, waren weniger die hämischen Presseartikel, als die Tatsache, dass Johann es gewagt hatte, eigenmächtig zu handeln. Aktionen dieser Art waren ihm ein Gräuel. Er zog auch sofort die Konsequenzen. Ende April 1872 beförderte er Johann zum Major, und bald danach hatte dieser nach Lemberg abzugehen. Jetzt gab es keinen Aufschub mehr. Möglicherweise auch, weil sich auch bis ins Kaiserhaus durchgesprochen hatte, dass Gianni eine Geliebte hatte, eine Tänzerin aus der Hofoper. Das war zwar nichts Ungewöhnliches für einen Erzherzog, und anfangs hatte man dagegen auch keine besonderen Bedenken. Dann aber wurde

Milli Stubel um 1890. Obwohl sie weder außerordentlich schön
noch überdurchschnittlich begabt war, war Erzherzog Johann
begeistert von ihr und unterstützte ihre weitere Ausbildung.

klar, dass die »G'schicht« schon ein wenig lang dauerte, da konnte
Distanz nicht schaden. Überhaupt, weil Klatsch und Tratsch wieder einmal blühten. Man sagte dem Erzherzog nach, er habe ein
15-jähriges Mädchen zu seiner Geliebten gemacht.

Die Tänzerin Milli hatte der kunstsinnige Erzherzog in dem
bei allen hochgestellten Mitgliedern des Kaiserhauses beliebten
»Jagdrevier« kennengelernt, dem gerade neu erbauten k.k. Hof-

operntheater. Während einer Probenpause soll er auf der 4. Galerie mit Milli, einer der zahlreichen Tänzerinnen im Corps de ballet, bekannt geworden sein. An den folgenden Abenden sei es Milli gelungen, die als Anstandsdame fungierende Schwester ihrer Mutter, die »Hanni-Tant«, durch Bestechung auszuschalten – zu diesem Zweck soll jeweils ein Kilo-Päckchen frisch gerösteter, duftender Kaffeebohnen den Besitzer gewechselt haben. Soweit der Beginn der bitter-süßen Liebesgeschichte, die sich später von den meisten anderen vor allem durch eines unterschied: durch ihre Länge. Milli und Gianni blieben zusammen. Mit kurzen Unterbrechungen zwar und mit allen Höhen und Tiefen, die sich im Laufe der Jahre ergaben, aber doch bis an ihr Ende.

Ludmilla Hildegard Stubel war 1852 in kleinbürgerlichen Verhältnissen als dritte von vier Töchtern eines Bediensteten der Salm'schen Gutsverwaltung geboren worden. Wie ihre Schwestern, die weitaus mondänere Lory, Marie und Jenny hatte sie von der Mutter künstlerisches Talent geerbt und erhielt Ballettunterricht. Ihr erstes Engagement hatte sie im Harmonietheater in der Wasagasse, danach wurde sie für kurze Zeit ans Theater an der Wien engagiert und kam schließlich an die Hofoper. Alles andere als eine auffallende Schönheit und auch nicht überdurchschnittlich begabt, brachte sie es nie zur Solotänzerin.

Ausstrahlung und Charme muss sie dennoch besessen haben. Erzherzog Johann jedenfalls verliebte sich auf Anhieb in sie. Und er setzte alles daran, das »schlampige Verhältnis« auf solide Beine zu stellen. Millis Vater war bereits vier Jahre zuvor an »Kopftyphus« verstorben, also stattete Johann ihrer Mutter einen Anstandsbesuch. Dabei soll er wie immer offen gesagt haben, was er dachte und fühlte: »Ich bin Erzherzog Johann Salvator. Ich liebe Ihre Tochter Milli und bitte Sie um ihre Hand«.

Von nun an kam der Erzherzog oft und gern zu Besuch in die Wohnung auf der Wieden. Ganz formvollendeter Kavalier, brachte er Aufmerksamkeiten wie Blumen und Bonbons mit, trank mit den Damen des Hauses Kaffee und blieb gelegentlich auch zum Nachtmahl. In der schlichten, ungezwungenen Bürgerlichkeit fühlte er sich wohl. Milli, die ja kaum Schulbildung genossen hatte, ermöglichte er eine Gesangs- und Sprachausbildung. Viel Zeit, ihre Fortschritte zu verfolgen, blieb ihm allerdings nicht: Er musste nach Galizien.

Galizien und ein erster Abschied von Milli

Lemberg hasste Erzherzog Johann auf Anhieb. Es erwies sich zwar doch weniger hässlich als befürchtet, der gesamte Betrieb in der Garnison aber lief genau so ab, wie es der junge, unbändige Gianni am wenigsten leiden konnte. Monoton, hierarchisch, phantasielos. Prompt regten sich in ihm Widerspruchsgeist und Ungehorsam, und zwar so heftig, dass er dafür einmal sogar acht Tage Hausarrest bekam, eine Strafe, die zuvor über kein Mitglied des Kaiserhauses verhängt worden war. Der Kaiser zog wieder einmal die Konsequenzen. Er versetzte den mittlerweile großjährigen, darum aber nicht weniger aufmüpfigen Erzherzog nach Temesvár.

Dass die Beziehung zu Milli mehr war als ein flüchtige Affäre – für die man übrigens volles Verständnis gehabt hätte –, blieb dem Kaiserhaus nicht verborgen. Jetzt wurden alle Hebel in Bewegung gesetzt, sie zu beenden. Nicht zuletzt war es der stockkonservative Erzherzog Albrecht, die »graue Eminenz« des Hauses Habsburg, der aktiv wurde. Und siehe da, der sonst so dickköpfige und starrköpfige Gianni beugte sich. Er schrieb Milli einen Abschiedsbrief. Hohen Ortes sei das bisherige Verhältnis in Erfahrung gebracht worden, man habe ihm das hierüber herrschende Missfallen ausgedrückt und erwarte von ihm, dass er das Verhältnis abbreche. So schmerzlich ihn das betroffen habe, so habe er den Entschluss gefasst, sich und seine Empfindungen den hohen Intentionen unterzuordnen. Er dankte ihr für ihre treue Anhänglichkeit und zärtliche Sorgsamkeit und verpflichtete sich, sie materiell zu unterstützen. Im Bankhaus Rothschild habe er für sie 20 000 Gulden angelegt. Am Schluss fügte er noch liebevolle Worte an. Wenn er sie hin und wieder gekränkt habe, so könne er das nur durch die Versicherung gutmachen, dass er sie unaussprechlich geliebt habe.

Im Hause Stubel verursachte der Brief ein regelrechtes Erdbeben. Schwester Marie verfasste das Antwortschreiben. Man habe Johann in der Familie wie einen Bruder liebgewonnen, schrieb sie im Dezember 1873, Milli sei mehr tot als lebend, klagte sie und bat um eine Empfangsbestätigung des Bankhauses Rothschild. Mutter Stubel reagierte weitaus harscher. Sie drohte im folgenden Januar schriftlich, den Fall vor die Obervormundschaft zu bringen, sollte Johann die Geldgabe nicht notariell beglaubigen lassen. Unmissverständlich legte sie ihm nahe, er soll die Hände von ihrer Tochter lassen, sie sei keine Straßendirne. Ihr sei lieber, ihre Tochter habe einen Geschäftsmann, mit dem sie sich öffentlich zeigen könne ohne Scheu vor der Welt. Und dann zeigte sie Geschäftstüchtigkeit. Für den Fall, dass er es sich anders überlege und das Verhältnis doch weitergehe, habe der Erzherzog 30 000 Gulden bei einer Bank zu hinterlegen, Milli sollten jeden Monat für ihre Dienste als Beschließerin 250 Gulden ausbezahlt werden und sie selbst habe 100 Gulden zu bekommen. Es kam aber noch dicker: Sollte er damit nicht einverstanden sein, werde sie beim Kaiser ihr Recht suchen.

Dazu allerdings musste es nicht kommen. Gianni und Milli waren bald wieder versöhnt. Bei Mutter Stubel dauerte es länger, bis alles wieder gut war. Der Herr Schani meine für sich alles recht gut, für sie aber herzlich schlecht, gab sie Milli zu verstehen. Diese aber hielt unbeirrbar an ihrem Gianni fest. Sie sei mit ihrem Leben zufrieden, gab sie der Mutter zu verstehen.

Auch in Temesvár verhielt sich Erzherzog Johann indes kaum angepasster. 1874 trotz allem zum Oberstleutnant aufgestiegen, war er auch in dieser Stadt, die ihm übrigens noch bei weitem unerträglicher erschien als Lemberg, disziplinlos und aufmüpfig. Und nicht nur das. Er übte Kritik. Mündlich zuerst, indem er Beschwerde über den sinnlosen Drill, die Bürokratie, die mangelnde Besoldung und die unzureichende, veraltete Ausrüstung der Waffen führte. Das wurde noch hingenommen. Man erteilte dem Besserwisser zwar gelegentlich einen Rüffel, ließ ihn aber reden.

Brenzlig wurde es erst, als der aufmüpfige Prinz, der Schlendrian, schlechte Organisation, Willkür und Servilismus einfach nicht ertragen konnte, seine Kritik zu Papier brachte. Anfang 1875 schlug die 136 Seiten umfassende Schrift »Betrachtungen über die Organisation der österreichischen Artillerie« bei den Militärbehörden ein wie eine Bombe. Das sachlich und fachlich vollkommen richtige Werk, das die gravierenden Mängel im Militärwesen aufzeigte, war zwar anonym erschienen, es dauerte jedoch nicht lang, und Johann Salvator war als Autor entdeckt.

Hatte die – durchaus berechtigte – Kritik an der Verzopftheit des Militärs und der mangelhaften Ausbildung der Soldaten schon genug für Unmut gesorgt, so brachte nun die Tatsache das Fass vollends zum Überlaufen, dass sich der Erzherzog für ein Bündnis mit Russland aussprach. Damit überschritt er seine Kompetenzen bei weitem. Einem Erzherzog stand es nicht zu, sich in die Außenpolitik der Donaumonarchie einzumischen. Erzherzog Albrecht setzte sogleich zu einer deftigen Maßregelung an. Und Kaiser Franz Joseph musste wieder einmal handeln. Diesmal versetzte er den jungen »Revoluzzer« nach Krakau. Und mit der Artillerie war auch Schluss. Johann kam zur Infanterie.

Reisen und Affären

Nach Krakau ging Johann nicht allein. Allen Warnungen zum Trotz nahm er Milli mit, die sich längst von der Bühne zurückgezogen hatte. Sie war jetzt seine »Beschließerin«. Der Hof bekam selbstverständlich Wind von der neuen Eigenmächtigkeit, die sich Johann erlaubt hatte, und reagierte entsprechend heftig auf die offensichtliche Provokation. Wie üblich wurden Gerüchte und Verleumdungen in die Welt gesetzt und machten Bösartigkeiten die Runde. Hatte Erzherzog Johann kurz nach der Ankunft des Paares in Krakau in einem Brief noch seiner Freude Ausdruck verliehen, dass Milli wegen ihrer hübschen Figur und ihres Auftretens überall Bewunderung hervorrufe und als das schönste Mädchen gefeiert wurde, wich die Euphorie wenige Wochen später herber Enttäuschung. Es sei ihm unfassbar, schrieb er in einem Brief an Freunde, warum man Milli so verfolge, warum man ihr Dinge nachsage, die völlig aus der Luft gegriffen seien. »Die vielfachen Kränkungen, die man mir schon zugefügt, habe ich im Laufe der Zeit ertragen gelernt«, schrieb er an einen Freund. »Die Kränkungen jedoch, die man meiner armen, unschuldigen Miltschi bereitet, verbittern mir das ganze Leben; ich kann allen meinen Verfolgern verzeihen – die Urheber der gegen meine Miltschi ausgestreuten Verleumdungen jedoch trifft mein unauslöschlicher Haß und meine Verachtung und bleibt ihnen erhalten für alle Zeiten.«[4]

Der Orts- und Garnisonswechsel zeigte dennoch nicht die gewünschte Wirkung. Der ehrgeizige, liberal und fortschrittlich denkende Johann Salvator war auch in Krakau nicht bereit, Unzulänglichkeiten schweigend hinzunehmen und zu kuschen. Als er sich auch in Polen mit seinen Vorgesetzten überwarf, war der nächste Garnisons-Wechsel angesagt. Diesmal stand das ungarische Komorn auf dem Plan.

Mit dem Dienstantritt ließ sich der Erzherzog Zeit. Da ihm das kalte europäische Winterwetter immer wieder gesundheitliche Probleme beschert hatte, suchte er im Januar 1876 um Urlaub an und reiste – inkognito – nach Italien. Er besuchte zuerst Neapel und Rom und machte dann Anfang März in Florenz Station. Mit der Begründung, es sei nicht gut, allein zu sein, ließ er Milli an den Arno nachkommen. Sie hatte bald alle Hände voll zu tun: Gianni erkrankte in seiner Geburtsstadt, Fieber und Halsschmerzen ließen keinen Zweifel daran, dass ihn auch das milde südliche Klima nicht vor Erkältung und Angina bewahren konnte. Wie traurig und problematisch Millis Leben an der Seite des Erzherzogs war und wie oft sie hinnehmen musste, dass sie einfach nicht »gesellschaftsfähig« war, lässt eine Eintragung in dessen Reiseaufzeichnungen erahnen. Auf der Rückreise habe er in Salzburg mit Erzherzog Karl – das war immerhin sein Bruder – im Hotel zu Mittag gespeist, notierte er. Milli sei vorsichtshalber am Bahnhof zurückgeblieben …

Zurückweisungen dieser Art musste Milli hinnehmen. Möglicherweise hatte sie dafür ähnliches Verständnis wie für die Tatsachen, dass das Thema Familie und Kinder nicht zur Debatte stand und dass es für sie weiter unmöglich war, gemeinsam mit ihrem Geliebten in der Öffentlichkeit aufzutreten. Sie hatte sich im Hintergrund zu halten. Das fiel ihr nicht immer leicht. Mit der Zeit kam es immer öfter vor, dass sie sich in diverse Krankheiten flüchtete. In ihren Briefen ist immer wieder von Kopf-, Zahn-, Halsschmerzen, von Bauchweh und allgemeinem Unwohlsein die Rede. Was für sie aber noch viel schwerer zu verkraften gewesen sein muss, war die Untreue ihres über alles geliebten »Alterl«. Dass er sie noch dazu mit ihrer eigenen Schwester betrog, war ein gewaltiger Schlag.

Ab März 1876 diente der als »Revolutionär« verschrieene Erzherzog, den die stattliche Erbschaft nach dem Tod seines Vaters mittlerweile in die Lage versetzt hatte, Land- und Seeschloss Ort am Traunsee zu kaufen und mit umfangreichen Umbauarbeiten zu beginnen, im ungarischen Komorn. Die lebenslustige und

Graf=fchaf Ort.

Das Land- und Seeschloss Ort am Traunsee, das der Erzherzog nach dem Tod
seines Vaters dank der Erbschaft erwarb. Heute ist es einem breiten Publikum
durch die TV-Serie »Schlosshotel Orth« bekannt.

leichtlebige Lory, die älteste Schwester von Milli, gastierte im
Herbst des folgenden Jahres in Pest. Dass die beiden nicht nur
eine kurze heftige Affäre erlebten, sondern dass der Erzherzog
den Kontakt auch weiter pflegte, lässt ein Brief vermuten, in dem
Lory im Oktober an ihr »süßes Hanserl« schrieb, es sei ein hei-
liges Gefühl gewesen, das sie zu ihm gebracht habe, eine Zuneigung, nicht allein nur sinnlich, sondern wahr, aufrichtig. Er habe
ihr den Kopf ganz verdreht, sie denke immer und immer an ihn
und sende ihm Millionen aufrichtiger Küsse. Die heiße Affäre
kühlte sich jedoch rasch ab, als Lory immer wieder versuchte, das
»süße Hanserl« anzupumpen. Bei einem ihrer Versuche, an Geld
zu kommen, versprach sie ihm, Milli werde aus ihrem Mund
nie erfahren, was zwischen ihnen vorgefallen sei. Einmal bat sie
Johann sogar, ihr die stolze Summe von 7000 Gulden zu »leihen«.

Als er ihr eine Abfuhr erteilte, reagierte die resolute Lory recht heftig: Sollten ihn seine Gefühle wieder einmal von Milli ablenken und zu ihr, Lory, führen, wie das schon zweimal der Fall gewesen war, werde ihre Türe verschlossen sein.

Milli muss von der Geschichte dennoch erfahren haben. Noch Jahre später fuhr sie harte Geschütze auf, als sie erfuhr, dass Johann nach Wien zu Lory fahre statt nach zu ihr nach Bruck. Es passe ihr gar nicht, dass er jetzt häufiger als sonst bei der »lieben feschen Lory« sein könne, schrieb sie ihm in einem geharnischten Brief, seine Schwärmerei für diese »falsche Kreatur« gehe zu weit, »aber ich sage dir, entweder entscheidest du dich für sie oder für mich.«[5]

Militär, Ballett und Walzer

So wenig sich der durch und durch ehrgeizige Erzherzog Johann auch in Komorn Lorbeeren durch Gehorsam und Unterordnung verdiente, so sehr bewährte er sich als Offizier. Beim Okkupationsfeldzug des Jahres 1878 in Bosnien war er endlich in seinem Element, da hatte er Gelegenheit, seine Fähigkeiten zu beweisen. Er erwies sich als erstklassiger Stratege und zeichnete sich so sehr durch Mut und Tapferkeit aus, dass ihn Kaiser Franz Joseph zum Feldmarschallleutnant beförderte. Für einen handfesten Affront sorgte der aufmüpfige Toskaner kurz danach. Als ihm der Kaiser auch den k. u. k. Militär-Maria-Theresien-Orden verleihen wollte, lehnte er schlichtweg ab. Mit der einfachen Begründung, er habe diese höchste Auszeichnung nicht verdient.

Der Kaiser und die obersten Militärbehörden hingegen wussten die Verdienste des zwar tüchtigen und ambitionierten, jedoch immer wieder aus der Reihe tanzenden Prinzen sehr wohl zu schätzen. So sehr, dass sie ihn 1881 zum Kommandanten der Stabsoffizierskurse in Wien ernannten. Johann Salvator nahm glücklich an. Endlich durfte er in die Donaumetropole zurückkehren, in der gerade zu diesem Zeitpunkt jene intellektuell-künstlerische Aufbruchstimmung herrschte, die er so lange vermisst hatte. Endlich konnte er wieder Theater und Konzerte besuchen. Und endlich ergab sich wieder eine Möglichkeit, Eigenwilligkeit und Nonkonformismus zu beweisen: Als in der Reichs- und Residenzstadt zu Beginn des Jahres 1883 mit größtem Aufwand das 600-Jahr-Jubiläum des Hauses Habsburg gefeiert wurde, zog er es vor, für ein paar Tage in sein Schloss Ort zu fahren, noch dazu, ohne vorher offiziell Urlaub zu nehmen. Der Kaiser reagierte scharf auf den Affront. Er zitierte Johann per Telegramm nach Wien. Und dieser musste, Abneigung gegen Prunk und Pomp hin oder her, an den Feierlichkeiten teilnehmen, die ihm zutiefst zuwider waren.

In den folgenden Monaten fand Johann dennoch Zeit und Muße für seine künstlerischen Aktivitäten. Er schrieb das Ballett »Die Assassinen«, das im Hofopernheater aufgeführt wurde. Bei der Premiere waren die Darsteller von Kopf bis Fuß mit Edisons neuen Glühbirnen illuminiert. Wie aus einem Artikel in der »Neuen Freien Presse« hervorgeht, ging man in den späteren Aufführungen aber davon ab. »Man hat das Ballet zu seinem Vortheile zweckmäßig gekürzt, insbesondere die zwar poetisch gedachte, aber nicht glücklich arrangierte Erscheinung der Himmelskörper beseitigt. ›Die Assassinen‹ gewinnen dadurch erheblich an dramatischer Wirkung; der echt poetische Grundgedanke, der sich auf einem bedeutungsvollen historischen Hintergrunde entwickelt und dieses Werk hoch über die gewöhnlichen Balletfabricate erhebt, kommt jetzt deutlicher und wirksamer zum Vorscheine.«[6]

Unter dem Pseudonym Johann Traunwart veröffentlichte Erzherzog Johann auch mehrere Walzer, darunter »Gruß an Linz«, »Stimme aus dem Süden« und »Am Traunsee«. Bei der Instrumentierung dieser Kompositionen holte sich der Erzherzog Rat und – vermutlich – ein wenig Unterstützung bei Johann Strauß, der zu dieser Zeit gerade enthusiastisch als »Walzerkönig« gefeiert wurde. Es blieb aber nicht nur bei der musikalischen Zusammenarbeit: Zwischen dem genialen, durch und durch professionellen Komponisten und dem Amateur entwickelte sich bald eine enge freundschaftliche Beziehung. Der Erzherzog war gern gesehener Gast im »Igelheim« auf der Wieden, das Johann Strauß nach dem Auszug seiner Ehefrau Lily nun mit Adele Strauß bewohnte.

Erzherzog Johann bewunderte und verehrte den gefeierten Komponisten. Und er eckte auch damit bei Hof an. Als er dem Walzerkönig im Oktober 1884 anlässlich seines 40-jährigen Wirkens und seiner Ernennung zum Ehrenbürger ein Glückwunsch-telegramm übersandte, in dem er ihn seiner wärmsten Verehrung versicherte, nahm das Erzherzog Albrecht gleich wieder zum Anlass für eine Strafpredigt. Für einen geschickten Komponisten, der es verstehe, sein lukratives Geschäft 40 Jahre zu betreiben, einem Lebemann mit vier Frauen[7], der sein großes Talent trefflich zu verwerten wisse, finde er das Wort Verehrung ganz und gar unpassend.

An der Beziehung zwischen dem Erzherzog des Hauses Habsburg und dem König des Walzers und der Operette änderte das freilich nichts. Die beiden Männer blieben einander eng verbunden. Und Johann Salvator war es schließlich auch, der dem Leben von Johann Strauß eine entscheidende Wende gab.

Johann Strauß lebte seit 1883 mit Adele in »wilder Ehe«. Dass er sie als »Frau Strauß« vorstellen konnte, hatte aber mit ihrem ersten, früh verstorbenen Ehemann zu tun, nicht mit einer Legalisierung der Beziehung. Solange jedoch Lily, Ehefrau Nr. Zwei, am Leben war, konnte Strauß nach katholischem Eherecht Adele nicht heiraten. Bei der Lösung seiner Heiratsprobleme erhielt Johann Strauß Hilfe von seinem hochgestellten Verehrer. Erzherzog Johann Salvator ersuchte den Herzog von Sachsen um Hilfe in dieser Angelegenheit, die sich daraufhin so löste, dass Johann und Adele die österreichische Staatsbürgerschaft aufgaben, die sächsische annahmen und zum Protestantismus übertraten. Danach stand einer legalen Eheschließung nichts mehr im Wege.

Damit, seine eigenen Familienverhältnisse zu ordnen, hatte Erzherzog Johann hingegen weitaus größere Probleme. Dass er an seiner »Miltschi« hing und dass er sie liebte, steht außer Zweifel. Er machte sich auch Gedanken über ihre Zukunft und ihre finanzielle Absicherung. Vor dem Bosnien-Feldzug erweiterte er im Juli 1878 sein Testament um das Kodizill, in dem er bestimmte, dass die Zinsen des Kapitals von 40 000 Gulden als lebenslanger Fruchtgenuss an Fräulein Ludmilla Stubel ausbezahlt werden sollten.

Damit sorgte Johann zwar für den Ernstfall vor, dass er aus dem Feldzug nicht zurückkehren sollte. Als Frau an seiner Seite, als ebenbürtige Partnerin aber sah er – zumindest zu jenem Zeitpunkt – Milli nicht. Er wollte sich von ihr zwar nicht trennen, stellte aber auch keine Überlegungen an, das Verhältnis zu legalisieren. Seiner Mutter Maria Antonia gegenüber, immerhin der Frau, der er sich am meisten verbunden fühlte, mit der er ständig in Briefkontakt stand und die in seinem turbulenten Leben so etwas wie einen Ruhepol, einen sicheren Anker darstellte, erwähnte er Milli mit keinem Sterbenswörtchen. Und als seine Lieblingsschwester Marie Luise, die er bezüglich der Einrichtung von Schloss Ort kontaktiert hatte, in einem Brief zart andeutete, wie glücklich sie eine »liebliche Schwägerin« für das das so »heimlich und traut eingerichtete Nest« machen würde, setzte er dem nichts entgegen.

Ein späterer Brief der Schwester lässt allerdings vermuten, dass das Thema Heirat zu Weihnachten 1879 in engstem Familienkreis intensiv besprochen wurde. Bei dieser Gelegenheit ließ Johann durchblicken, dass er konkrete Vorstellungen von seiner zukünftigen Frau hatte. Sie sollte zwar kein Blaustrumpf sein, müsste aber viele Interessen haben, fromm und tugendhaft sein, ihm keine Schande machen und dazu angetan sein, dass er sich an ihr erbauen könnte. Dieses »Anforderungsprofil« erfüllte Milli so gut wie gar nicht. Kam der Erzherzog langsam zu der Überzeugung, dass sie nicht die richtige war?

Heiratspläne

Die Versetzung von Erzherzog Johann nach Wien jedenfalls brachte Milli im Jahr 1881 kaum eine Verbesserung ihrer Lage. Jetzt bekam sie ihr »Bübchen«, ihr geliebtes »Alterl«, noch weniger zu sehen als zuvor. Die erzherzogliche »Beschließerin« war viel allein, sie hielt sich oft bei ihrer Mutter und bei ihren Schwestern auf, flüchtete sich öfter denn je in alle möglichen Krankheiten und war vermutlich alles andere als glücklich. Und dass der Erzherzog offensichtlich Ausschau hielt nach einer Frau, die ihm gesellschaftlich und geistig ebenbürtig war, kann ihr auch nicht entgangen sein.

Tatsächlich weckte im Frühjahr 1882 eine Hofdame das Interesse des Erzherzogs: Gräfin Caroline Attems, genannt Carla. Die genauen Details dieser Beziehung sind heute zwar nicht mehr nachvollziehbar, da lediglich die Briefe der Gräfin, nicht aber die des Erzherzogs erhalten sind. Wahrscheinlich ist aber, dass sich die attraktive, gebildete und liebenswerte Gräfin und der Erzherzog im Rahmen eines Festes oder eines Balles bei Hof begegneten, dass sie sich in der Folge geheim verabredeten und dass sie sich rasch näherkamen. An Orten für heimliche Rendezvous fehlte es nicht. Das verliebte Paar verbrachte romantische Stunden im Park von Schönbrunn, im Prater, in der Wohnung von Carlas Schwester in Wien-Rudolfsheim. Darüber hinaus gab es auf Reisen auch weit weg von Wien Gelegenheit, ungestört zu sein, zum Beispiel im Amstel Rondeel-Hotel in Amsterdam.

Im Unterschied zu Milli stellte Erzherzog Johann Carla seiner über alles geliebten Mutter vor – und diese akzeptierte die hübsche, gebildete Gräfin mit den geschliffenen Umgangsformen freudig. Bald wurden eifrig Hochzeitspläne geschmiedet. Es gab allerdings noch ein Hindernis zu überwinden: Der Kaiser musste die Heirat genehmigen. Johann zweifelte nicht daran, dass dieser die Zustimmung erteilen würde und suchte um Audienz an. Wie sicher sich auch Gräfin Carla war, lässt der Brief erahnen, den sie Johann am 25. März 1883 schrieb: »Mein innigst geliebter Johann! Wenn ich darüber nachdenke wie ich nach und nach zum Bewußtsein meiner und Deiner Liebe kam, dann könnte ich begeistert Gott bitten er möge uns nicht trennen, denn so viel Liebe muß Glück bringend sein wie ein göttlicher Funke den nur eine edle Leidenschaft entzündet.«[8]

So stark und leuchtend der göttliche Funke auch gewesen sein mag, auf den Kaiser sprang er nicht über. Franz Joseph empfing Johann zwar gönnerhaft, als dieser aber von seiner Absicht sprach, Gräfin Attems zu heiraten, lehnte er schlichtweg ab. Mit der Begründung, es gebe in der Familie schon genügend »solcher Ehen«. Es folgte ein herzlicher Händedruck zum Abschied.

Johann gelangte trotz allem zu der Ansicht, die Ablehnung habe nicht persönlich auf Gräfin Attems abgezielt, sondern sei aus prinzipiellen Erwägungen erfolgt. Mutter Maria Antonia machte später noch einen Vorstoß beim Kaiser, aber auch dieser war vergebens. Der Kaiser erlaubte die morganatische Ehe nicht. Für Carla war das kein Grund, auf Johann zu verzichten. Sie werde Johann weiter lieben, treu und wahr bis in den Tod, versicherte sie ihm wenige Tage nach der Audienz, und traf sich auch weiterhin mit ihm »um eine Stunde glücklich zu sein.«

Milli muss von der Liaison mit Gräfin Carla erfahren haben. Entsprechend dicke Luft herrschte im erzherzoglichen Haushalt.

Schon im Frühjahr 1882 machte Milli ihrem Gianni heftige Vorhaltungen. Es kam zu einem lautstarken Streit, in dessen Verlauf der Erzherzog seine Geliebte wenig vornehm vor der Dienerschaft beleidigte und demütigte. Milli zog die Konsequenzen. Sie verließ das Haus und schickte ihr monatliches »Gehalt« zurück. Sie ließ Johann wissen, sie habe erkannt, dass er dies alles provoziert habe, um sie lozuwerden. Er habe nun volle Freiheit, er solle sie genießen, sie wünsche ihm für die Zukunft alles Gute.

Gianni bat daraufhin in einem Brief, ihr Herz oder ihre Vernunft solle sie zu ihm zurückführen. Milli reagierte, in dem sie ihrem über die Jahre aufgestauten Unmut und Frust Luft machte. Ihre Vernunft rate ihr zu reiflicher Überlegung. So eine unsichere Existenz, in der er ihr jede Minute zu verstehen gebe, sie könne gehen, wann es ihr beliebe, wolle und könne sie sich nicht weiter aussetzen. Sie müsse sich vor sich selbst schämen, immer nur die Geduldete zu sein, »die sich nur bei Dir anfrisst«. Sie wolle sich ihr Brot selbst verdienen. Sie habe nichts Böses getan. Ihr einziger Fehler bestehe darin, ihn zu sehr geliebt zu haben.

Auf eine Versöhnung, auf liebevolles Einlenken, wartete Milli vergebens. Der Erzherzog ließ auf diesen Brief hin nichts von sich hören. Nach neun Tagen schließlich ergriff wieder sie die Initiative. Sie habe die ganze Zeit wie auf einer Folter verbracht. Sie habe sich nie gedacht, dass er sie so leicht vergessen könne. Johann lenkte schließlich doch ein. Milli kam zurück. Die Beziehung hatte aber einen tiefen Riss bekommen, und der vertiefte sich in den folgenden Wochen – es war die Zeit der heftigen Liaison mit Carla – nur noch. Milli fuhr schließlich nach Berlin. Von dort schrieb sie Johann einen Brief, in dem sie mit den vergangenen Jahren abrechnete. Sie sei ihm überall hin gefolgt wie ein Hund und gelte vor aller Welt als seine Dienerin. Schließlich folgte der Abschiedsbrief. Milli übersandte Johann ein Sträußchen zu seinem Namenstag. Er habe sie von sich gestoßen, schrieb sie, sie liebe ihn aber leider dennoch und sei recht unglücklich.

Diese Worte müssen dem Erzherzog, dem der Kaiser nur wenige Tage zuvor die Zustimmung zur Heirat mit Carla verweigert hatte, doch zu Herzen gegangen sein. Er schrieb Milli eine versöhnende Antwort. Und sie erwiderte am 30. April 1883, sie wolle in Gottes Namen wieder zu ihm kommen, richte aber die einzige Bitte an ihn, er solle sie nicht mehr mit der gewissen Verachtung behandeln, denn solche Worte aus seinem Mund brächen ihr das Herz.

»Drill oder Erziehung«

Der Sturm im eigenen Haus hatte sich gerade geglättet, da braute sich über Johann Salvator schon das nächste Gewitter zusammen. Am 3. November hielt der Erzherzog im Wiener Militärcasino einen Vortrag unter dem Titel »Drill oder Erziehung«. Der profunde Kenner des Militärwesens, der engagierte Vordenker und Erneuerer nahm damit wie schon acht Jahre zuvor in seinen »Betrachtungen« das veraltete und verzopfte Ausbildungssystem ins Visier. Der Soldat müsse zum selbständigen Denken erzogen werden, forderte er, er müsse die erteilten Befehle verstehen.

Der Vortrag schlug gewaltig ein. Und er polarisierte. Leidenschaftlichen Befürwortern der zukunftsweisenden Idee, die im Grund eine Demokratisierung des Heeres bedeutete, standen bald entschiedene Gegner gegenüber, allen voran wieder einmal Herzog Albrecht, der sofort eine Gegendarstellung ausarbeitete. Auch Kronprinz Rudolf, der mit Johann zwar die liberale Gesinnung, die Liebe zu wissenschaftlicher Arbeit und zum Journalismus und die Abneigung gegen aristokratisches Gehabe und pompöses Zeremoniell teilte, holte unter dem Motto »Man drille und erziehe« zum Gegenschlag aus. Womit sich wieder einmal die tiefe Kluft zwischen den beiden Intimfeinden offenbarte, die

Mit seinen Vorträgen und Schriften über Neuerungen in der
militärischen Erziehung kam Johann in die Kritik – und wurde
selbst zur Karikatur.

zu jener Zeit als die Repräsentanten des liberal gesinnten geistigen Hochadels galten.

Die ganze Angelegenheit eskalierte, als »Drill oder Erziehung«
auch noch publiziert wurde. Jetzt zog Kaiser Franz Joseph die
Konsequenzen: Er versetzte Johann, der sich Schritt für Schritt
zum »enfant terrible« des Kaiserhauses hochgearbeitet hatte, nach
Linz. Ab sofort war er Feldmarschall-Leutnant und Divisionär in
der oberösterreichischen Garnisonsstadt. Auch Milli übersiedelte

wieder einmal. Sie wurde Beschließerin im Haus des Erzherzogs in der Museumstraße.

Erzherzog Johann, der 1882 den Beinamen Salvator abgelegt hatte, führte in Linz bis 1887 ein offenes Haus. Er hatte oft Gäste, ließ kaum eine Opernpremiere im Landestheater aus, fuhr häufig per Bahn nach Wien und verbrachte die Wochenende mit Vorliebe in seinem Schloss Ort bei Gmunden. Wo immer der Erzherzog auftauchte, schlug ihm eine warme Welle der Sympathie entgegen. Die Linzer schätzten seine leutselige Art und seine liberale Gesinnung. Und sie waren stolz darauf, ein so hohes Mitglied des Hauses Habsburg in ihrer Stadt zu haben. Hinter vorgehaltener Hand wurde zwar gemunkelt, dass der Erzherzog in »wilder Ehe« mit einer Frau lebe, das Paar trat aber so gut wie nie gemeinsam auf. Und Milli bekamen sie wenn überhaupt, dann nur allein zu sehen.

So beschaulich und angenehm die Linzer Jahre Erzherzog Johanns nach außen hin auch wirkten, so groß waren die Turbulenzen, die sich ganz im Geheimen um den Erzherzog abspielten. Ein geruhsames Leben war nicht nach seinem Geschmack. Er war ehrgeizig und eitel, er wollte eine Rolle spielen, am liebsten in der Politik. Das waren nur einige der Motive, die dazu führten, dass er sich in ein Intrigen- und Verwirrspiel von abenteuerlichen Ausmaßen verwickelte.

Ein Thron wird vakant

Unter Erzherzog Johanns Kommando diente in Linz für 13 Monate Prinz Ferdinand von Coburg. In seinem Qualifikationsakt des Jahres 1884 ließ Johann kein gutes Haar an dem Schöngeist, der die große Oper liebte, sich für Vögel und Schmetterlinge begeisterte und sich vor Pferden fürchtete und deshalb in Adelskreisen oft zum Ziel von Spott und Hohn wurde. Ihm fehle es an Entschiedenheit und Berufskenntnis, er sei noch kein brauchbarer Offizier, attestierte Johann. Und fand später noch weitaus demütigendere Worte. Er sei unverlässlich und zweideutig, weibisch, unaufrichtig, persönlich eitel und furchtsam.

Als im September 1886 Fürst Alexander Battenberg unter dem Druck Russlands auf den bulgarischen Thron verzichtete, setzte sich in ganz Europa ein diplomatisches Karussell von ungeahnten Ausmaßen in Gang. Ein neuer Herrscher musste für den Balkanstaat gefunden werden, der seit dem Berliner Kongress von 1878 im Zentrum der Weltpolitik stand. Auf dieses Karussell sprang Erzherzog Johann auf. Er favorisierte genau jenen Mann, den er in der Linzer Garnison oft mit den Worten abgekanzelt hatte: »Haben mich alle verstanden? Auch Sie, königliche Hoheit?«

Was genau sich Erzherzog Johann erhoffte und wie seine Pläne waren, lässt sich im Nachhinein kaum nachvollziehen. Tatsache ist, dass er alle Hebel in Bewegung setzte, um ausgerechnet Prinz Ferdinand von Coburg, den er noch kurz zuvor als »feige Cocotte« bezeichnet hatte, im besten Licht erscheinen zu lassen. Um ihn auf den bulgarischen Thron zu katapultieren, stellte er ihn plötzlich als tüchtigen Soldaten dar, als durch und durch vornehme Natur, als einen Mann, der durch seine vielen Reisen die Welt kennengelernt habe. Dass sich seine Kandidatur für Österreich-Ungarn äußerst nachteilig auswirken und das ohnehin gespannte Verhältnis der Donaumonarchie noch verschlechtern würde, bedachte er nicht. Er machte Politik auf eigene Faust. Möglich, dass er darauf spekulierte, von dem ihm zu Dank verpflichteten Prinzen zum Oberbefehlshaber der bulgarischen Armee ernannt zu werden. Gut möglich aber auch, dass der ehrgeizige und ambitionierte Erzherzog sich später nicht nur darauf Hoffnungen machte, Generalissimus zu werden, sondern sogar selbst auf den bulgarischen Fürstenthron schielte.

Prinz Ferdinand von Coburg, nachmals König von Bulgarien,
der 13 Monate unter dem Kommando Erzherzog Johanns diente.
Dieser hatte kein gutes Haar an ihm gelassen, änderte später aber
– aus politischen Gründen? – flugs seine Meinung.

Tatsache ist, dass Johann ein doppeltes Spiel spielte. Er erwies
sich plötzlich als überaus versierter Intrigant, der es geschickt verstand, im Hintergrund die Fäden zu ziehen und vor keiner Lüge
zurückzuschrecken. Über Monate flogen verschlüsselte Briefe
zwischen Johann und dem Prinzen von Coburg hin und her, kam
es zu geheimen Unterredungen mit Mittelsmännern, zu Treffen
mit Journalisten in Hotelzimmern und zu vertraulichen Gesprä-

chen mit bulgarischen Diplomaten. Einmal nahm Johann sich sogar Urlaub und reiste nach Italien, um bulgarische Deputierte zu treffen und mit ihnen – ganz geheim und unverfänglich – auf einer Bahnfahrt ein sechsstündiges Gespräch zu führen.

Prinz von Coburg wurde tatsächlich am 25. Juli 1887 vom bulgarischen Parlament im Amt des Prinzregenten bestätigt. Jetzt schwenkte Erzherzog Johann flugs um. Plötzlich fand er nichts Gutes mehr an seinem früheren Untergebenen, bezeichnete seine Annahme des bulgarischen Fürstenthrons sogar als Schurkerei und ihn selbst als unverlässlich und zweideutig. Schwang da Enttäuschung mit, dass sein politisches Engagement für ihn selbst nicht mehr gebracht hatte?

Alle diese Aktivitäten liefen hinter dem Rücken von Kaiser und Außenminister ab. Was Johann nicht ahnte, war allerdings, dass er längst unter Beobachtung der Polizei stand, dass jeder seiner Schritte genau registriert und gemeldet wurde. Ein »Eingeweihter« schrieb: »Er wurde trotz seiner hohen Stellung wie ein ›Verdächtiger‹ behandelt, alle seine Schritte wurden beobachtet, die Personen, mit denen er verkehrte, wurden überwacht, ja selbst die Briefe und Zuschriften, die an ihn als Privatperson adressiert waren, wurden – von der Polizeibehörde in Linz eröffnet …«[9]

Als seine Politintrige aufgedeckt wurde, verursachte das beim Kaiser ebenso wie beim Kronprinzen, der ohnehin jede Gelegenheit wahrnahm, über den Erzherzog herzuziehen, blanke Wut. Hatte Franz Joseph Johann noch wenige Monate zuvor Hoffnung gemacht, ihn zum Kommandanten des Armeekorps in Temesvár zu ernennen, und hatte Johann später noch das Corps-Kommando in Sarajevo erbeten, so war jetzt alles verspielt. Erzherzog Johann hatte den Bogen überspannt. In dieser Situation handelte er jedoch wie ein Mann: Er ersuchte den Kaiser, ihn vom Militärdienst zu entheben und trat einen mehrwöchigen Urlaub an.

Kaiser Franz Joseph, der sich über all die Jahre oft und oft über die Extratouren des Toskaners geärgert hatte, zögerte nicht lang.

Das Maß war voll. Mit der für ihn üblichen Sachlichkeit ließ er ihn in einem mit 21. September 1887 datierten Schreiben wissen, dass er seiner Bitte nachkommen werde. Am 27. September meldete die Militär-Zeitung unter »Kleine Nachrichten«: »Se. Majestät hat allergnädigst die Enthebung Sr. K. und k. Hoheit des Herrn Feldmarschall-Lieutnants Erzherzog Johann über höchstseine Bitte vom Commando der 3. Infanterie-Truppen-Division anzuordnen geruht ...«[10]

Das Ende der Militärkarriere

Erzherzog Johann war zu diesem Zeitpunkt schon längst nicht mehr in der Heimat. Er hatte Linz Hals über Kopf verlassen und war in Begleitung seines Kammervorstehers Ferdinand Baron Mennshengen unter dem Decknamen »Bauer« über Paris und Le Havre nach Southampton gereist. Während er sich dort damit beschäftigte, ein kleines Segelschiff zu erwerben, gingen in der Heimat abermals die Wogen um seine Person hoch. Der Linzer Gemeinderat hatte den Erzherzog als Ausdruck tiefster Wertschätzung zum Ehrenbürger der Stadt Linz ernannt. Erzherzog Johann fühlte sich geehrt und nahm an. Wie er es selbst in einem Telegramm ausdrückte, »freudig berührt« und – wieder einmal – ohne die Genehmigung des Kaisers einzuholen. Gerade das aber sorgte im Kaiserhaus für einen Sturm der Entrüstung. Noch nie war ein Mitglied des Kaiserhauses zu einem »Ehrenbürger« ernannt worden. Und noch nie war es einem Mitglied des Hauses Habsburg eingefallen, so etwas anzunehmen. Am 11. Oktober erteilte der Kaiser die Weisung, das angebotene Ehrenrecht sei abzulehnen. Es kam aber noch schlimmer. Eine Woche später bewilligte er die Ablegung der Offizierscharge seines Vetters Feldmarschall-Lieutnant Erzherzog Johann.

Dieser, mittlerweile stolzer Besitzer des für 1500 Pfund Sterling erworbenen Dampfseglers »Bessie«, erkannte sehr wohl, dass Franz Joseph damit den Schlusspunkt unter seine Karriere und sein öffentliches Leben gesetzt hatte. Das war ein schwerer Schlag. Aber er versuchte, ihn zu tarieren. In einem Brief an seinen Bruder Ferdinand, »Nando«, schrieb Johann aus Cherbourg: »Jetzt versuche ich mich zu zerstreuen, versuche den Schmerz zu vergessen, der gewiss leicht zu verstehen ist und der mich so vollkommen niedergeworfen hat. Nachdem ich diesen Zustand überwunden hatte, der mich effektiv handlungsunfähig machte, werde ich mich neuerlich meinen Studien und Arbeiten widmen, um mich nicht dem Vorwurf auszusetzen, müßig und in jungen Jahren ein unnützes Individuum zu sein.«[11]

Die folgenden Monate verbrachte der Erzherzog auf See. Er reiste zuerst in Begleitung von Milli auf seiner eigenen Yacht, seinem transportablen »Palästchen«, durchs Mittelmeer und fuhr um den Jahreswechsel 1887/88 auf einem Personendampfer nach Madeira und zu den Kanarischen Inseln. Er wollte Zeit gewinnen, hoffte, dass Gras über die »bulgarische Sache« wachsen würde und er eines Tages in den Heeresdienst zurückkehren könne. Mittlerweile hatte sein Kammerherr Mennshengen gekündigt, seine Stelle hatte Stabsoffizier Hamilkar de Fin eingenommen. Dass er offenbar von höchster Stelle und von der sich formierenden Riege der Gegner des Erzherzogs in Wien beauftragt war, diesen nicht nur auf Schritt und Tritt, sondern auch hinsichtlich seines Geisteszustandes zu beobachten, war unübersehbar.

So sehr sich Erzherzog Johann vom Meer und von seinen Reisen die große Freiheit versprochen hatte, so sehr wurde er enttäuscht. Ähnlich wie auch sein Bruder Ludwig Salvator, »Luigi«, stand er stets unter Beobachtung: Wo immer dieser mit seiner »Nixe« anlegte und in Gesellschaft seiner merkwürdigen Entourage von meist 20 Personen, einer bunt zusammen gewürfelten Schar von Wissenschaftlern und adeligen Weltenbummlern, von

Bord ging, wurde dies dem Kaiser in Wien sogleich brühwarm berichtet. Johann erging es nicht viel besser. Besonders eilig hatte es Generalkonsul Alexander von Warsberg, ihn anzuschwärzen. Kaum war »Bessie« Anfang Mai 1888 in den Hafen von Venedig eingelaufen, schrieb er schon an Außenminister Kálnoky, der Erzherzog pflege in wenig würdiger Weise an Bord und öffentlich den Verkehr mit einer auf seiner Yacht einlogierten Dame. Baron de Fin habe es so übelgenommen, dass er nach viel Streit und Ärger, der ihn krank gemacht habe, das Schiff verlassen und sich in einem Gasthof einquartiert habe. Überhaupt könne Baron de Fin dem Erzherzog kein Zeugnis ausstellen, das schlecht genug sei. Er behaupte, es gebe keine andere Möglichkeit, den ganz disziplinlosen und unmoralischen Charakter zu heilen, als ihn förmlich aus der kaiserlichen Familie zu entlassen und ihm zu gestatten, wie es sein Wunsch sei, unter fremdem Namen die Freiheit zu genießen, die er angeblich als das Höchste schätze …

Bis es so weit kam, sollte allerdings noch einiges Wasser die Donau hinunterfließen. Vorerst zitierte Kaiser Franz Joseph den unbotmäßigen Erzherzog zurück auf Schloss Ort, dort sollte er weitere Weisungen abwarten. Am 2. Juni gewährte er ihm in Wien schließlich Audienz. Sie verlief durchaus positiv, es gelang, einige Missverständnisse auszuräumen, und der Kaiser befürwortete Johanns Plan, wieder an Bord seiner Yacht zu gehen. Ins Ausland zu fahren, erlaubte er jedoch nicht. Zum neuen Kammervorsteher wurde Viktor Graf Schaffgotsch bestellt. Wenige Wochen später war Erzherzog Johann wieder auf See. Das Kapitel militärische Karriere war für ihn dennoch nicht abgeschlossen. Er hoffte immer noch, eines Tages ins Heer zurückkehren zu können. Die Feiern zum 40. Thronjubiläum des Kaisers Anfang Dezember 1888, ein Anlass für zahleiche Ordensverleihungen, Beförderungen und Amnestien, wären eine gute Gelegenheit gewesen – Johann hoffte jedoch vergebens. Nicht einmal dieser groß angelegte Festakt brachte ihm die Rehabilitierung.

Plan B

Dies war ein Grund mehr für den Erzherzog, Plan B in Angriff zu nehmen. Er begab sich – wieder in Begleitung von Milli – nach Fiume und begann ein intensives Studium der Nautik. Sein Ziel war es, ein Schiffskapitänspatent zu erwerben. Dass er schon zu diesem Zeitpunkt weitreichende Pläne für die Zukunft machte, lässt der Umstand vermuten, dass er seine finanziellen Angelegenheiten regelte.

Sein Studium nahm der ehrgeizige Erzherzog überaus ernst. Aus Briefen geht hervor, dass er wochenlang täglich von 5 Uhr früh bis 10 Uhr abends lernte. Der Erfolg blieb nicht aus: Der »Serenissime Arciduca Giovanni« bestand die Prüfung mit Auszeichnung und erlangte per 18. September 1889 das Diplom eines »Capitan al lungo corso«, eines »Kapitäns der langen Fahrt«. Jetzt endlich konnte er die Weichen für sein Leben neu stellen.

Dazu ließ er sich nur wenige Tage Zeit. Er kehrte auf Schloss Ort zurück, ordnete alle seine Angelegenheiten und übergab Graf Schaffgotsch eine Reihe von Briefen, bevor er am 7. Oktober in aller Ruhe, ohne sich von irgendjemandem zu verabschieden, nach Zürich abreiste. Der wichtigste der Briefe ist der eingangs zitierte an Kaiser Franz Joseph: »Mein Verhalten seit bald zwei Jahren wird Eure Majestät überzeugt haben, daß ich ferne von allen mir nicht zukommenden Interessen gehorsam und zurückgezogen bemüht war, Eure Majestät einstige Ungnade zu beheben. Zu jung, um für immer zu ruhen, zu stolz, um als bezahlter Nichtstuer zu leben, mußte meine Lage peinlich, ja mir unerträglich werden. Durch gewisses berechtigtes Ehrgefühl verhindert, um Wiederverwendung im Heer zu bitten, stand ich vor der Alternative: entweder das unwürdige Dasein eines fürstlichen Müßiggängers weiter zu führen oder als gewöhnlicher Mensch eine neue Existenz, einen neuen Beruf suchen …«[12]

Johann erklärte weiter in dem Schreiben, er verzichte freiwillig und unbeeinflusst auf Rang und Stand, indem er Titel und Rechte eines Erzherzogs sowie seine militärische Charge ehrfurchtsvoll in die Hände seiner Majestät zurücklege und Seine Majestät untertänigst bitte, ihm einen bürgerlichen Namen verleihen zu wollen. Gleichzeitig mit dem Schreiben retournierte Johann den Orden vom Goldenen Vlies, den ihm der Kaiser 1869 verliehen hatte.

Auch für Mutter Maria Antonia hatte er vor seiner Abreise ein Schreiben vorbereitet. Es sei für sie besser, einen Sohn zu haben, der sich ehrlich sein Brot verdiene und vor dem man Achtung habe, versicherte er ihr, als einen, der zufrieden damit sei, den faulen Prinzen zu spielen und das Geld des Volkes zu essen. Für die Mutter war der Schritt ihres geliebten Sohnes ein Schock. Sie antwortete nicht gleich, nach einigen Tagen erst schrieb sie ihm, sie könne ihm gar nicht sagen, welch ein schwerer Schlag das für sie gewesen sei. Noch dazu, wo er auf seiner Idee beharre, einen Dampfer zu kaufen. Das werde er noch bereuen, dann aber werde es zu spät sein …

Von Zürich aus meldete der Aussteiger aus dem Kaiserhaus nach Wien, dass er sich für den Namen Johann Orth entschieden habe. Er ersuchte noch um Verleihung der österreichischen oder ungarischen Staatsbürgerschaft, erhielt darauf aber keine Antwort mehr. Das schmerzte. Wie auch die Tatsache, dass Kaiser Franz Joseph seinen Verzicht gar so rasch akzeptiert hatte.

Johann Orth heiratet

Der Presse blieben die Ereignisse nicht lange verborgen. Der frischgebackene Bürger Johann Orth ersuchte Heinrich Pollak, den Chefredakteur des »Neuen Wiener Tagblattes«, mit dem er seit langem bekannt war, zwar Mitte Oktober noch, Stillschweigen zu bewahren, es kam jedoch anders. Am 21. Oktober 1889 meldete das »Neue Wiener Tagblatt«, der Erzherzog trage sich mit dem Gedanken, auf seine Titel, Ämter und Würden zu verzichten. Am 22. Oktober schließlich schrieb die »Neue Freie Presse«: »Wie aus Paris gemeldet wird, wo sich gegenwärtig Herr Erzherzog Johann zum Besuche der Ausstellung befindet, gedenkt derselbe von Frankreich aus eine längere Reise ins Ausland zu unternehmen. Wahrscheinlich wird der Prinz, welcher bekanntlich seit längerer Zeit in Disponibilität ist, eine große Seereise mit einer eigenen Yacht antreten … Es wird hinzugefügt, daß der Herr Erzherzog sich mit der Absicht trage, sich auf die Besitzung seines Bruders, des Erzherzog Ludwig Salvator, auf den Balearen-Inseln zu begeben und dort vollständig als Privatmann, unter Verzichtleistung auf alle seine Titel, Vorrechte und Würden, blos seinen Studien auf militärischem und nautischem Gebiete zu leben.«[13]

Die Vermutung, Erzherzog Johann würde sich zu seinem Bruder nach Mallorca begeben, erwies sich als falsch. Tatsache war, dass dieser ab dem Spätherbst 1889 praktisch ständig unterwegs war. Er reiste von Zürich nach Paris, erkundete zuerst in London und dann in Hamburg die Möglichkeiten, ein Handelsschiff zu erwerben, und informierte sich über die kommerzielle Seite der Reederei. In Hamburg erwarb er das Kapitänspatent und traf sich mit Milli, deren Gemütslage sich inzwischen drastisch verdüstert hatte. Sie war es immer mehr Leid, ständig alleingelassen und einmal dahin, einmal dorthin zitiert zu werden. Sie sehnte sich nach Ruhe und Zufriedenheit, nach Wärme und einem gemütlichen Heim. Das ewig rastlose Leben und die ungewisse Zukunft verursachten ihr Depressionen, in manchen ihrer Briefe klingt sogar eine Art Todessehnsucht an. Die Kraft, sich von Johann zu trennen, hatte sie dennoch nicht. Sie blieb an seiner Seite. Und sie wurde seine Frau. Johann Orth heiratete Ludmilla Stubel im Dezember 1889. In London, in aller Stille, per procurationem,

Milli Stubel um 1890 im Kostüm eines Stubenmädchens: Für die einstige Tänzerin war die Beziehung zum Erzherzog nicht einfach. Oft allein gelassen, litt sie zunehmend an Depressionen und flüchtete sich in diverse Krankheiten.

in Abwesenheit der Braut. Über diesen überraschenden Schritt wurde später viel spekuliert. Einer der Beweggründe wird darin vermutet, dass Johann Orth schon lange geplant hatte, Milli auf seine Reisen mitzunehmen, und er das Verhältnis deshalb legalisieren wollte. Einblick in die Gemütsverfassung Millis gibt ein Brief, den sie am 30. Dezember an Klara Weißenböck, die Gattin des Verwalters von Schloss Ort, nach Gmunden schrieb: »… ich glaube auch, daß man in den schönen Bergen … recht glücklich sein kann, ohne von der großen Welt etwas zu wissen. Sie sind zu beneiden: Könnte ich doch Ihr Leben führen, wie sehr wäre ich zufrieden! Leider ist ein ruhiges Leben mir nicht beschieden. Dann wird es erst ruhig bei mir werden, bis ich meine Augen für immer geschlossen, das weiß ich, früher nicht! Verzeihen Sie, daß ich wieder in meine gewisse Stimmung gerate, … aber wenn ich an zufriedene Menschen denke, erfaßt mich ein eigentümliches Herzweh, daß ich unwillkürlich traurig werde und mich mit Gewalt aus den trüben Gedanken reißen muß …«[14]

In den folgenden Wochen war »Herr Orth« intensiv damit beschäftigt, seine bürgerliche Existenz auf eine solide Basis zu stellen. Er kaufte in England ein Schiff, die »Caesarea«, und bemühte sich, alle Behördenwege für eine Fahrt nach Südamerika zu erledigen. Das freilich erwies sich als weitaus schwieriger als geahnt. Es galt, die Frage der Staatsbürgerschaft und der Gültigkeit des Kapitänsdiploms zu klären, die Seebewilligung und die Fahrterlaubnis, das Passavanti, nach Südamerika zu erlangen.

Die Weihnachtsfeiertage verbrachte Johann Orth in Birstein in Mittelhessen, bei seiner mit Fürst Carl Isenburg verheirateten Schwester Marie Luise. Milli musste wieder einmal ohne ihren Gianni feiern. Nicht einmal jetzt, nach der geheimen Heirat, hielt er es für angebracht, sie zu seiner Familie mitzunehmen. In Birstein deponierte Johann Orth jedoch seinen schriftlichen Nachlass.

Mutter Maria Antonia hatten die Entwicklungen um ihren Lieblingssohn in Angst und Schrecken versetzt. Besonders bestürzt war sie, als sie vom Kauf des Schiffes erfuhr. Johann versuchte, sie zu beruhigen. Es stimme, er habe geringe Erfahrung, und die Gefahren des Meeres seien groß, schrieb er ihr Mitte Januar aus Birstein, er glaube zwar, auch ein großes Schiff befehligen zu können, habe aber einen Kapitän in seine Dienste genommen. Es sei der Kampf mit einem gefährlichen Element, der ihn interessiere und ihm jene moralische Anstrengung ersetze, die er gerne einer edleren Sache gewidmet hätte.

Wenige Tage, nachdem er diesen Brief geschrieben hatte, verließ er Birstein und reiste nach Dünkirchen. Dort verkaufte er die »Caesarea« mit Gewinn und erwarb statt ihrer ein anderes Schiff, das ihm im Gegensatz zum ersten sofort zur Verfügung stand, die »St. Margaret«. Da dieser stattliche, 1877 in Liverpool erbaute Dreimaster weitaus teurer war als die »Caesarea«, wies Johann Orth seinen Vermögensverwalter an, sein Haus in der Goldschmiedgasse 4 in der Wiener Innenstadt zu verkaufen, was dieser auch machte. Die Bestätigung für den Verkauf und den erzielten Erlös übersandte er nach Valparaíso in Chile. In die Hände von Johann Orth sollte sie nicht mehr gelangen.

Hektische Pläne

Am 7. Februar lief Kapitän Johann Orth mit einer provisorischen Mannschaft an Bord von Dünkirchen aus und fuhr nach London. Das Schiff wurde in einem Trockendock überholt und von der Versicherung, dem englischen Lloyd, überprüft. Auch die Aufgabe des Frachters stand bereits fest: Er sollte eine Ladung Zement nach Chile bringen und mit einer Ladung Salpeter zurückkehren. Davon erhoffte sich der frisch gebackene Unternehmer ein überaus lukratives Geschäft. Der nächste Schritt war, dass Kapitän Sodich an Bord ging, ein erfahrener Seemann mit erstklassigen Referenzen. Da Johann Orth selbst auf dieser ersten großen Fahrt die Verantwortung für das Kommando auch zeitweise nicht übernehmen wollte, engagierte er noch einen zweiten Kapitän, Josip Sučić. Dann wurde der Fahrplan festgelegt. Die »St. Margaret« sollte ab dem 10. März beladen werden und eine

Woche später auslaufen. Gerade recht, um die günstigen Wind-verhältnisse zu nützen, die Ende Mai am Kap Hoorn zu erwarten waren.

Die Wochen bis zum Auslaufen verliefen überaus hektisch. Wieder gab es bürokratische Fragen zu erledigen. Kapitän Orths Staatsbürgerschaft war immer noch nicht geklärt, das Schiff konnte daher in keinem Hafen registriert werden. In dieser ver-zweifelten Situation verfiel Johann Orth abermals auf eine völlig bizarre, abenteuerliche Idee. Er reiste unter dem Namen Michael Schenk nach Konstantinopel und von dort per Zug nach Sofia. In einer spät abends gewährten Audienz schilderte er dem auf den bulgarischen Fürstenthron gelangten Prinzen Ferdinand seine Lage als überaus verzweifelt. Wie der Adjutant des Fürsten dem österreichischen Botschafter in Bulgarien schriftlich mitteilte, habe Johann sich dem Fürsten zu Füßen geworfen, seine Knie umfasst und ihn unter Tränen angefleht, ihn als Unterlieutnant in die bulgarische Armee aufzunehmen. Andernfalls müsse er seine Dienste der türkischen Armee anbieten. Ferdinand aber habe abgelehnt.

In Wien sorgte die neuerliche Eskapade des Ex-Erzherzogs für einen Sturm der Entrüstung. Die Zeitungen bekamen von der abenteuerlichen Angelegenheit zwar nicht Wind, bei Hof bemühte man sich jedoch, die Sache Johann Orth zu erledigen. Da er mittlerweile keine andere Staatsbürgerschaft angenommen habe, gelte er als österreichischer Staatsbürger, wurde ihm be-schieden. Er erhielt einen in Linz ausgestellten Pass. Damit war die Sache erledigt. Das k.u.k. Generalkonsulat in London stellte Johann Orth für seine Reise nach Buenos Aires ein Passavanti aus. Am 26. März 1890 ging die »St. Margaret« mit ihrer Besat-zung von 24 Mann von Chatham aus auf große Fahrt.

Acht Wochen dauerte die Fahrt. Ob sich Johann Orth sein Leben in »Freiheit«, als Unternehmer und Schiffseigner tatsäch-lich so vorgestellt hatte, ist mehr als fraglich. Abgesehen davon,

dass im Schiff durch die Unachtsamkeit eines Maats Feuer aus-
gebrochen war, hatte die gesamte Besatzung mit gefährlichen
Stürmen zu kämpfen, die schwere Schäden an den Segeln an-
richteten, und dann wieder mit Windstille. Und doch: Schiff und
Besatzung erreichten am 30. Mai wohlbehalten La Plata. Das
Erste, was Johann Orth tat, war seiner Mutter zu telegraphieren:
»Felicamente arrivato«, »Glücklich angekommen«.

In La Plata entwickelten sich die Dinge indes alles andere als
glücklich. Jetzt mussten Reparaturarbeiten an der »St. Margaret« durchgeführt werden, lästige Amtswege waren zu erledigen
und Verhandlungen über Fracht und Kosten für die Fahrt nach
Valparaiso in Chile zu führen. Dazu kamen Streit und Zerwürf-
nisse mit der Mannschaft. Diese waren so schwer, dass Johann
Orth den Kapitän und den zweiten Offizier entließ und der dritte
Offizier und ein Teil der Mannschaft freiwillig von Bord gingen.
Sie stellten Johann Orth später kein gutes Zeugnis aus. Er habe
sich auch auf See wie ein Erzherzog und General benommen und
nicht auf den Rat erfahrener Seeleute gehört. Unisono hätten sie
beschlossen: »Mit diesem Narren fahren wir nicht.«

Ein waghalsiger Plan: Kap Hoorn

Während Johann Orth noch damit beschäftigt war, eine neue
Mannschaft zusammenzustellen, traf Anfang Juli Milli in La
Plata ein. Sie hatte am 1. April in der Berliner Friedrichstraße
eine hübsche Dreizimmer-Wohnung angemietet. Vorgestellt
hatte sie sich dabei als »Repräsentantin« des früheren erzherzoglichen Haushaltes in Wien. Im Mai hatte sie sich dann in Begleitung der Berlinerin Auguste Reinecke in Genua auf den Passagierdampfer »Nordamerika« eingeschifft und war ihrem Gianni
nach Südamerika gefolgt.

Wenn sie aber geglaubt hatte, nach der in London erfolgten Trauung und nach der langen Reise auf einen fremden Kontinent sei das Versteckspiel endlich zu Ende, hatte sie sich getäuscht. Um auch in Südamerika Klatsch und Tratsch zu vermeiden, holte Johann seine Milli in aller Heimlichkeit mit einem kleinen Boot vom Passagierdampfer ab und brachte sie im Schutz der dunklen Nacht mit ihrer Begleitung auf die »St. Margaret«.

Wie positiv Milli die Lage sah, geht aus dem Brief hervor, den sie am 9. Juli an ihre Schwester Lory schrieb. Sie habe Johann in bester Gesundheit angetroffen, berichtete sie, er sei längst nicht mehr so griesgrämig wie daheim, die Seeluft, die große Arbeitslast und die goldene Freiheit hätten ihn zuversichtlich und lebensfroh gemacht. In wenigen Tagen werde die »St. Margaret« die Anker lichten und es gehe in neue weite Fernen. Wohin, wisse sie nicht genau. Der Plan, auf dem Landweg von Montevideo nach Valparaíso zu gelangen, sei aufgegeben, sie würden sich nicht von der »Margaret« trennen. Von ihr werde jetzt lange kein Brief mehr kommen.

Johann Orth war also fest entschlossen, das Kap Hoorn zu umschiffen. Und das, obwohl er wusste, dass dort, völlig anders als vor Antritt der Reise vorausgesagt, gerade schwerste Stürme tobten. War es der Ehrgeiz, den Elementen zu trotzen? War es der soldatische Drang zu Gehorsam und Pflichterfüllung? Oder war es der Kampf um Achtung und Anerkennung? Milli jedenfalls sah der Abfahrt mit höchst gemischten Gefühlen entgegen. Auf eine Postkarte an die Mutter kritzelte sie am 10. Juli: »Weiß Gott, ob ich es überleben werde …«[15]

Auch Johann Orth verfasste vor der Abreise in seiner übrigens elegant ausgestatteten, mit einem großen Bild von Kaiser Franz Joseph geschmückten Kabine noch mehrere Briefe. Am 12. Juli 1890 schrieb er an seinen Wiener Rechtsanwalt Dr. Haberler: Er beschwerte sich, von ihm in keinem Hafen, in dem er angelegt hatte, Nachricht erhalten zu haben, und ersuchte ihn, sich

Johann Orth (im Korbsessel sitzend) an Bord der »Saint Margaret« kurz vor der
Ausfahrt des Schiffes am 26. März 1890 nach Südamerika.

um eine Streitfrage bezüglich einer Einzäunung an der Ischler
Straße zu kümmern. Das Schreiben schloss er mit der Ankündi-
gung, er setze heute unter Segel und werde rund um Kap Hoorn
nach Valparaíso steuern. Seine nächste Adresse sei Johann Orth,
Valparaíso (Chile), Poste restante.

   Ab diesem Zeitpunkt gab es keine Nachricht mehr von Johann
Orth. In Valparaíso trafen die »St. Margaret« und ihre Besatzung
nie ein. Bald liefen Suchaktionen von größtem Ausmaß an, an
denen sich Schiffe aller Nationen beteiligten. Die argentinische
Regierung rüstete unverzüglich zwei Expeditionen aus, eine zu
Schiff und eine zu Lande. Königin Victoria von England wies die
englischen Seebehörden an, Nachforschungen zu treiben. Und
Kaiser Franz Joseph griff sogar in seine Privatschatulle, um die
mit Nachdruck betriebene Suche zu finanzieren.

Spätere Nachforschungen und Rekonstruktionen ergaben, dass das Schiff mit großer Wahrscheinlichkeit in der Nacht vom 20. auf den 21. Juli untergangen sein dürfte. Erwin Knipping, einstmals Direktor der Meteorologischen Anstalt von Tokio, formulierte: »Die ›St. Margarete‹ dürfte auf der Reise von Montevideo nach Chile in der Nacht vom 20. auf den 21. Juli 1890 während der Bordwache zwischen Mitternacht und 4 Uhr morgens auf der Höhe von Kap Tres Puntas oder Punta Descado in ungefähr 48 Grad südlicher Breite und 65 Grad westlicher Länge, also in einer Entfernung von ungefähr 100 Seemeilen vom Festlande, infolge eines Orkans mit Böen aus östlicher Richtung untergegangen sein ...«[16]

Das Schicksal des kompromisslosen Aussteigers aus dem Kaiserhaus hat die Öffentlichkeit über Jahrzehnte beschäftigt. Johann Orth wurde 1911 zwar für tot erklärt, noch in den 1930er Jahren tauchten in der Presse aber immer wieder originale Dokumente auf wie der Brief, den Johann Orth kurz vor der Abreise aus London an einen Freund geschrieben hatte: »Wenige Stunden fehlen bis zum Augenblick, an dem der Remorqueur mein Schiff die Themse hinabführen ... Ich führe mit meinem stattlichen Schiff ›Saint Margaret‹ Zement nach Port la Plata bei Buenos-Aires und Salpeter von Iquique nach England oder einen Kanalhafen zurück. Alle anderen Hoffnungen sind über Bord gegangen und, freudlos und einsam, muß mich nun das Bewußtsein aufrichten, mit einer kleinen Schar Braver einem ehrlichen Beruf, einer Pflicht gegen mich selbst nachzukommen. Ich schüttle Ihnen bewegten Herzens die Hand zum Abschied. Vergessen Sie nicht Ihren stets ergebenen Johann Orth.«[17]

Das Gerücht, Johann Orth und Milli hätten die Schiffskatastrophe überlebt, hielt sich später hartnäckig. Immer wieder meldeten sich Zeugen, die Johann Orth an entlegensten Orten wie unter Indianern auf Feuerland, in Australien, Ostindien, auf den Balearen, in Norwegen oder Chile erkannt haben wollten. Neue

Nahrung erhielt die Fama durch den Fall des 1945 verstorbenen Norwegers Hugo Köhler, der auf dem Sterbebett behauptete, der verschollene Habsburger zu sein. Später wurde bekannt, dass Henrik Danielsen, der Urenkel Hugo Köhlers, an seinem 20. Geburtstag von seinem Vater einen Schlüssel zu einem mysteriösen Schließfach erbte. Darin befanden sich zahlreiche Papiere und Dokumente des Ahnen, darunter ein mittlerweile als echt bestätigter Hofkalender. Die »Habsburger aus Norwegen« versuchen seit Jahren durch Graböffnungen und die Entnahme von DNA-Proben zu beweisen, dass sie die rechtmäßigen Erben von Schloss Ort seien. Und dafür, dass dieses Schloss weiten Kreisen im In- und Ausland bekannt wurde, sorgte die beliebte TV-Serie »Schlosshotel Orth«.

Millis innig gehegter Wunsch, an der Seite ihres geliebten Gianni sein zu können, ging letzten, jedoch bitteren Endes in Erfüllung. Auf der »St. Margaret« musste sie sich nicht mehr verstecken. Wie sehr Milli aber in Südamerika böse Ahnungen gequält haben müssen, lässt der Brief vermuten, den sie am 15. Juni 1890 an ihre Mutter schrieb und den das »Neue Wiener Tagblatt« erstmals am 1. Januar 1933 veröffentlichte: »Heute träumte ich von dir, meine liebe Mutter, aber leider nicht gut. Gott gebe, daß wir uns doch wieder sehen …«[18]

Herr Wölfling und die Damen

(2. Dezember 1868 – 4. Juli 1935)

*Herr Wölfling und die Damen: Dieses Thema geriet zu einem der pi-
kantesten Kapitel des Hauses Habsburg. Zum einen, weil der »Herr«
kein gewöhnlicher Herr war, sondern ein Erzherzog, und zum anderen, weil es sich bei den Damen um keine richtigen Damen handelte,
sondern, wie es heute heißt, um Sexarbeiterinnen. Der Erzherzog zog
die Konsequenzen: Er trat aus dem Kaiserhaus aus und versuchte sich
in diversen Berufen, sogar als Würstelverkäufer.*

Kindheit in Salzburg

Am 14. Dezember 1902 landete auf dem Schreibtisch Kaiser Franz
Josephs ein Schreiben, das dazu angetan war, dem sonst für seine
stoische Ruhe bekannten greisen Monarchen die Zornesröte ins
Gesicht zu jagen: »Ich bitte Eure Majestät meine Stellung und
Rang als Erzherzog ablegen zu dürfen und den Namen Leopold
Wölfling anzunehmen. Ich habe Dr. Adolf Ritter von Ofenheim
mit der Regelung meiner Privatangelegenheiten betraut.«

So knapp diese Worte auch gehalten waren, so sehr empörten
sie den Kaiser. 13 Jahre waren zu diesem Zeitpunkt vergangen,
seit Erzherzog Johann Salvator auf spektakuläre Weise aus dem
Kaiserhaus ausgeschieden war und den Namen Johann Orth angenommen hatte. Und jetzt war offenbar sein Neffe an der Reihe:

Erzherzog Leopold Ferdinand, ebenfalls ein Mitglied der toskanischen Linie des Hauses Habsburg-Lothringen, die der Kaiser noch nie besonders gut hatte leiden können. Nicht zu Unrecht, denn viele Mitglieder dieses Zweiges des Hauses Habsburg glänzten zwar durch hohe intellektuelle Begabung, zeigten aber auch so etwas wie »geistiges Revoluzzertum« und einen Hang zu Skurrilitäten.

Skurril wie sein gesamtes späteres Leben war auch die Kindheit von Erzherzog Leopold Ferdinand verlaufen. Am 2. Dezember 1868 als ältester Sohn von Großherzog Ferdinand IV. und dessen zweiter Gattin Alice von Bourbon-Parma, »Alix«, geboren, wuchs er in der Salzburger Residenz auf. Dorthin hatte sich Großherzog »Nando« zurückgezogen, nachdem im Zuge der Einigung Italiens die Thronentsetzung der Habsburger beschlossen und die Familie aus Florenz vertrieben worden war.

»Nando« fügte sich in alles, nur in eines nicht: Er konnte und wollte nicht akzeptieren, dass er ein Herrscher ohne Reich war. Er fühlte sich als Großherzog im Exil und hielt auch an der Salzach eisern an der Fiktion fest, ein regierender Fürst zu sein. Und das demonstrierte er auch wie einst in Florenz. In der Salzburger Residenz, von der ihm der Kaiser weite Teile überlassen hatte, gab es einen Hofstaat, an dessen Spitze ein aus der Toskana stammender Obersthofmeister stand, und eine Kanzlei, in der mehrere Sekretäre Tag für Tag umfangreiche Korrespondenzen erledigten. Durch die weitläufigen, düsteren Räume der Residenz eilten Scharen von livrierten Lakaien. An den Eingängen standen uniformierte Wachposten, und im Vorbau des Glockenspielturms hatte eine Wachkompanie ihren Standort. Sie trat jedes Mal mit Gerassel an, wenn ein Mitglied der erzherzoglichen Familie vorfuhr. Um mit seiner Familie nicht auf die gewohnten toskanischen Gerichte verzichten zu müssen, hatte »Nando« meterhohe Ton-Urnen nach Salzburg schaffen lassen, in denen feinstes Olivenöl aufbewahrt wurde.

Der Aufwand, den der »Großherzog im Exil« betrieb, beschränkte sich auf seine Aktivitäten nach außen hin. Die zehn Kinder hingegen, unter ihnen die ein Jahr nach Leopold geborene Luise, die spätere Kronprinzessin von Sachsen, wuchsen ohne Luxus auf. Sie wurden zu Einfachheit erzogen. Ein hartes Bett, eine einzige Decke Sommer und Winter, ein dünnes, hartes Kopfkissen und jeden Morgen Abduschen mit eiskaltem Wasser, das waren die Prinzipien, die der Vater als hygienisch betrachtete. Er selbst lebte nicht anders und verachtete jede Art von Verweichlichung. Glanzvoll ging es in der Salzburger Residenz allerdings bei festlichen Anlässen wie den »rekommandierten Diners« zu. Dann erschien »Alix« in rauschenden Roben und strahlend von Brillanten – sie besaß immerhin das legendäre Halsband Marie Antoinettes.

Marinekarriere und Heiratsverbot

Leopold Ferdinand entwickelte sich zu einem klugen, interessierten Kind. Er zeigte Sprachentalent, begeisterte sich für Mathematik, machte rasche Fortschritte im Fechten und Reiten. Mit 15 Jahren kam er als externer Zögling auf die k. k. Marineakademie in Fiume, dem heutigen Rijeka. Auch hier lief alles nach Plan. Er nagte, wie er selbst später schrieb, gewissenhaft »am Stein des Wissens«. Als er 1887 nach vier Jahren als Seekadett zweiter Klasse ausgemustert wurde, waren seine Lehrer voll des Lobes: Er zeige besondere Vorliebe für den seemännischen Beruf, sei bestrebt, sich weiter zu bilden und sein Verhalten berechtige zu den besten Hoffnungen für die Zukunft, attestierten sie ihm.

Das Meer übte auf den jungen Mann von Anfang an die größte Faszination aus. Schon nach der ersten Sommerreise auf der Korvette »Saida«, die ihn nach Dalmatien führte, schrieb er voll Begeisterung: »Wunderbar der Zauber, den ein Segelschiff überhaupt ausübt. Die ruhigen Bewegungen, die gleichmäßige Neigung bei stetigem Winde, das Rauschen der Bugwelle, das Sausen im Takelwerk und der ewige Wechsel von Wolken und Beleuchtungseffekten, die das Wasser bald ultramarinblau, bald grünlich, braun oder bleigrau erscheinen ließen, das gespannte Erwarten einer Bö, die man ja schon von weitem auf dem Wasser daherkommen sieht …«[1]

Mit erstklassigen Beurteilungen stieg er auch 1889 zum Seekadett erster Klasse auf und wurde kurz darauf im Alter von nur 21 Jahren zum Linienschiffsfähnrich befördert. Eine glänzende Karriere in der k.k. Marine schien vorprogrammiert. Und die hätte der inzwischen zu einem attraktiven jungen Mann herangewachsene Erzherzog mit Sicherheit gemacht – wäre da nicht ein Ereignis eingetreten, das ihn plötzlich vollkommen aus der Bahn warf, ja dazu angetan war, ihn regelrecht entgleisen zu lassen.

Leopold Ferdinand war gerade 16 Jahre alt geworden, als er sich bei einer Familienfeier in seine Cousine Elvira von Bourbon verliebte, die zweitälteste Tochter des spanischen Thronprätendenten Don Carlos. Mit ihr war er ständig in Kontakt geblieben, ihr hatte er in unzähligen Briefen von seinen Sorgen und Nöten berichtet, die er während seiner anstrengenden Ausbildung zum Marineoffizier durchmachte. In ihr hatte er auch eine kluge und umsichtige Partnerin gefunden, mit der er weltanschauliche und religiöse Themen diskutieren konnte. Das Paar war sich mit den Jahren immer nähergekommen, über eine gemeinsame Zukunft herrschte, wenn auch unausgesprochen, Einigkeit. Als der Erzherzog 1891 anlässlich der Hochzeit seiner Schwester Luise nach Wien kam, traf er Elvira wieder. Später erinnerte er sich: »Wenige Worte zwischen uns beiden, die wir ja insgeheim schon sieben Jahre verlobt waren, genügten. Ich fuhr nach Salzburg, und getreu den Traditionen des Hauses, erbat ich die Zustimmung

Seit der ersten Reise auf der Korvette »Saida« fühlte sich Leopold Ferdinand auf
See in seinem Element.

meines Vaters, die Erlaubnis zu meiner Verheiratung mit Elvira
von Bourbon beim Kaiser einzuholen.«[2]

Der Kaiser aber erteilte die Zustimmung zur Heirat nicht.
Elviras Schwester Blanca habe zwei Jahre zuvor Leopold Salvator geheiratet, die Staatsraison erlaube nun keine neuerliche Verbindung mit dem Haus Bourbon. Für Leopold Ferdinand brach
eine Welt zusammen: »Der Kindertraum war aus. Etwas in mir
war gebrochen. Elvira, meine stille Braut, mein Freund, mein
Kamerad, die mir Halt, ja Freude und Liebe zum Beruf gab, für
mich verloren. Was künftig sein sollte, war mir egal; von diesem
Moment an habe ich kein weiteres Interesse an der Entwicklung
meiner Karriere, meiner ganzen Zukunft gehabt. Wozu auch …«[3]

Ein Hoffnungsschimmer zeigte sich im folgenden Jahr dennoch. Erzherzog Leopold, inzwischen zum Linienschiffsleutnant befördert, hoffte, auf der Korvette »Saida« nach Amerika fahren zu dürfen. Auch diesen Wunsch erfüllte ihm der Kaiser nicht. Und das, obwohl er es ihm in Ischl eigentlich schon so gut wie fix zugesagt hatte. Stattdessen bestimmte er ihn dazu, an der Seereise teilzunehmen, die der spätere Thronfolger Franz Ferdinand von Triest aus auf dem Torpedo-Rammkreuzer »Kaiserin Elisabeth« rund um die Welt unternehmen wollte. Auf dieser Fahrt kam es zu einem Eklat, der für das weitere Schicksal des Erzherzogs ebenso weitreichende Folgen haben sollte wie das Nein des Kaisers zur geplanten Heirat.

Eine fade Weltreise

Diese Reise auf der »Kaiserin Elisabeth« geriet für Leopold zur totalen Katastrophe. Die beiden Erzherzöge konnten einander nicht ausstehen. Schon wenige Tage nach Beginn der Seereise, die nach Ägypten, Indien, China, Japan, Australien und Amerika führen sollte, begann Leopold zu monieren, das Leben auf See sei eintönig und fad. Es kam zu ersten Geplänkeln zwischen Leopold und dem Schiffskommandanten. Sie mussten immerhin so heftig ausgefallen sein, dass Franz Ferdinand telegraphisch die Erlaubnis einholte, Leopold wegen ungebührlichen Betragens von den Landgängen ausschließen zu dürfen.

Später beschuldigte Franz Ferdinand ihn, er habe in der Offiziersmesse Respekt und Höflichkeit vermissen lassen und sich nur im Kreis der Kadetten aufgehalten. Ja, er habe sogar eine Geliebte an Bord geschmuggelt und sie als Kadett verkleidet. Als der Kapitän versucht habe, dieses Verhältnis zu unterbinden, habe Leopold mit Selbstmord gedroht. Schließlich sei er, Franz Ferdinand, gezwungen gewesen, ihn in Australien von Bord zu weisen. Leopold hatte im Mai 1893 von Sidney aus in Begleitung eines Linienschiffsleutnants die Rückreise anzutreten. Aus gesundheitlichen Gründen, wie die offizielle Version lautete. Und inkognito, erstmals unter dem Namen Leopold Wölfling, den er in Anlehnung an einen Gipfel des Erzgebirges gewählt hatte.

Dass Leopold später vorbrachte, der präpotente Möchtegernkaiser Franz Ferdinand habe ihn immer wieder in schwer betrunkenem Zustand provoziert und sich abfällig über seine Familie geäußert, änderte nichts an seiner Situation. Noch dazu, weil Franz Ferdinand flugs noch ein »Schäuferl« nachgelegt hatte: In einem Schreiben an den Kaiser ließ er kein gutes Haar an Leopold, dieser sei »… ein junger Mann, der wirklich das Ansehen, die Ehre unseres Namens und unserer Familie verunglimpft, der das schlechteste Beispiel gibt und dessen Ruf in der ganzen Marine bereits vollkommen untergraben ist …«[4]

In Wien fanden Franz Ferdinands Worte offene Ohren bei Erzherzog Albrecht. Der entschiedene Gegner der »Toskaner«, der vermutlich auch schon bei dem Nein des Kaisers zu Leopold Ferdinands Heirat mit Elvira die Fäden gezogen hatte, bezeichnete ihn in seinem Antwortschreiben an den Thronfolger als »schwierigen, um nicht zu sagen bösen Charakter, als hochmütig, ungehorsam und irreligiös« und sein Verhalten als neuen Beweis dafür, »… was in der toskanischen Linie an wällischer Verschlagenheit, bourbonischer Miserabilität und antiösterreichischer Gesinnung geleistet wird und fortwuchert …«[5]

Diese schweren Anschuldigungen verfehlten ihr Ziel nicht. Erzherzog Albrecht hatte in seinem Schreiben auch noch vorgebracht, nach den Ereignissen um Kronprinz Rudolf und Johann Orth sei dies der dritte Fall, der dem Ansehen des Erzhauses massiv schaden könne. Zwei der Erzherzöge hätten sich bereits gerichtet, was werde der dritte tun? Der Kaiser sah sich also genötigt, rasch zu handeln. Er beurlaubte Leopold zuerst einmal für ein Jahr, damit er sich von den Strapazen des nervenaufreibenden Seedienstes erholen könne, dem er offenbar nicht gewachsen war. Und dann versetzte er ihn zur Infanterie. Das war ein entscheidender Fehler.

Im März 1894 trat Erzherzog Leopold seinen Dienst im Infanterieregiment Nr. 8 in Brünn an. Die Ernüchterung folgte bald. »… und wieder das Offizierskasino, das Café und dieselben Unterhaltungen … Ich beginne in dieser Atmosphäre zu ersticken und bitte, mich an einen anderen Ort zu versetzen… Ich habe die unruhige Natur eines Seemanns, der an Ortsveränderungen gewöhnt ist. Das einförmige Leben, zu dem ich hier verurteilt bin, bedrückt mich, geht mir auf die Nerven und schadet meinem Charakter. Ich gerate leicht in Wut und weiß dann nicht, was ich sage und tue …«[6]

Wilhelmine Adamovic

Während die Versuche des Erzherzogs, sich mit der für ihn neuen Waffengattung der Infanterie vertraut zu machen und im Offiziercorps Akzeptanz zu finden, trotz seines eifrigen Bemühens kaum von Erfolg gekrönt waren, entwickelte sich sein Privatleben umso aufregender. Vorerst ließ sich der Erzherzog das Leben durch die Tochter eines Zuckerbäckers versüßen. Als die Affäre Folgen zeigte, kam die vom Kaiserhof oft und gern bei »Weibergeschichten« der Erzherzöge praktizierte Vorgangsweise zum Tragen: Die Geliebte wurde mit einem hohen Geldbetrag abgefunden und ruhiggestellt, für das Kind wurde ein namhafter Geldbetrag deponiert. Die ganze Affäre nahm dennoch einen tragischen Verlauf: Die junge Frau starb wenig später an Schwindsucht. Die uneheliche Tochter Leopolds aber sorgte viel später, 1928, für großes Aufsehen. Sie brachte bei Gericht eine Klage auf Alimentation gegen ihren Vater ein.

Wilhelmine Adamovic, von der Presse als Verkäuferin in einem
Handschuhgeschäft bezeichnet, war in Wirklichkeit eine Prostituierte und führte, wie sie später selbst schrieb, in Brünn ein
»tolles« Leben.

Dafür, dass diese Affäre von höchster Stelle so rasch »geregelt«
wurde, gab es allerdings auch noch einen anderen triftigen Grund:
Erzherzog Leopold Ferdinand hatte sich abermals verliebt. Über
den »Liebesroman« des Erzherzogs konnten die Wiener später in
der Zeitung »Wiener Bilder« lesen: »Wilhelmine Adamovic war
vor sieben Jahren als Verkäuferin in einem Handschuhmacherge-

schäft thätig, dort lernte sie den Erzherzog Leopold Ferdinand, der damals den Majorsrang hatte, kennen. Fräulein Adamovic wußte nicht, daß ein Prinz mit ihr verkehrte, sie sprach darum stets den Erzherzog als Herr Major an …«[7]

Die Geschichte von der süßen, kleinen Handschuhverkäuferin las sich zwar überaus romantisch, sie war aber lediglich gut erfunden. Im Leben von Wilhelmine Adamovic hatte es bisher kaum Romantisches gegeben. Sie war 1877 in Lundenburg als Tochter eines Postbeamten zur Welt gekommen. Ihre Mutter war früh gestorben, das hatte ihr eine schwere Kindheit beschert. Schließlich war sie mit ihrer Familie in Brünn gelandet, hatte in bitterarmen Verhältnissen gelebt und musste schon mit 14 Jahren arbeiten gehen. Sie wurde Kellnerin und Kassierin in Kaffeehäusern – in »feinen« und in solchen, die zwei Abteilungen hatten, eine solide, in der eine gewisse Damenwelt nicht verkehren durfte, und eine solche, wo diese unumschränkt regierte.

Als Wilhelmine ihre um zwei Jahre ältere Schwester fragte, wie es komme, dass sie so elegant gekleidet war und auch feine Wäsche trug, erklärte ihr diese, dass es Mittel und Wege gebe, zu Geld zu kommen, ohne zu arbeiten. Unter der kundigen Führung der Schwester trat Wilhelmine in ein Bordell ein. Das neue Leben hatte für sie bald seinen Reiz. In ihren Memoiren beschreibt sie ihre erste Zeit als Prostituierte: »Die Eitelkeit des Weibes brach sich auch bei mir Bahn. Ich fand daran viel Gefallen, daß ich so sehr gefiel, immer bevorzugt wurde und von allen Kolleginnen deshalb beneidet war. Ich war mit mir bald zufrieden und so begann das tollste Leben, das man nur führen kann. Ich wurde schrecklich leichtsinnig. Sogar die Straßen Brünns wurden von mir unsicher gemacht. Ich suchte mir in allen Cafehäusern Brünns Gelegenheiten, und ich trank viel von dem geliebten süßen Schnaps. Bald tat's auch die natürliche Schönheit nicht mehr: Ich weiß nicht, von wem ich das Schminken lernte. Ich ließ mir auch die Haare brennen und putzte mich zu einer höchst auffallenden Erscheinung heraus. Ich besuchte das Theater, um dort Anschluß zu finden, ich wurde in Offiziersgesellschaften eingeladen, verdiente viel Geld und vergeudete viel Geld.«[8]

Wilhelmine lebte in ständiger Angst vor der Polizei, sie wurde auch mehrmals verhaftet. Später ging sie in ein Bordell nach Wien und kam auch dort immer wieder mit der Polizei in Konflikt. Als die »Puffmutter« für sechs Monate ins Gefängnis musste, entschloss Wilhelmine sich schweren Herzens dazu, sich ein »Gesundheitsbuch« ausstellen zu lassen, den amtlichen Nachweis darüber, dass sie sich als Prostituierte den vorgeschriebenen Gesundheitskontrollen unterzogen hatte. Sie gab es zwar bald wieder zurück, das änderte aber nichts daran, dass sie von nun an aktenkundig war. Und dass man auf Grund dieses Umstandes auch bei Hof ganz genau über ihre Vergangenheit unterrichtet war.

Wie und wo der Erzherzog Wilhelmine Adamovic kennengelernt hatte, ist nicht mehr nachvollziehbar. Sie selbst berichtete später, sie habe ihm einen fälschlich bei ihr gelandeten, für ihn bestimmten Brief überbracht. Von der Minute an, in der sie seine stattliche männliche Figur und sein liebes Gesicht sah, habe sie sich ganz als die seine gefühlt, beschreibt sie in ihren Memoiren. Sie habe ihm bald ganz angehört, er habe sie sehr nobel bezahlt, und sie sei ihm sehr dankbar dafür gewesen, dass er mit ihr so zart umgegangen sei, ihr das Sündengeld nicht direkt in die Hand zu geben.

Er erwiderte ihre Gefühle. Darüber, wo und wann er sie kennengelernt hatte, schwieg er sich allerdings ebenfalls aus. Er sei der Künstlerin Adamovic zufällig begegnet, schreibt er in seinen Erinnerungen. Ihr sei es bestimmt gewesen, eine große Rolle in seinem Leben zu spielen. Er habe sie liebgewonnen und beschlossen, sie zu heiraten. Als der Kaiser davon erfahren habe, habe er erzürnt ausgerufen: »Das haben wir dem Beispiel Heinrichs zu verdanken! Bald werden alle Erzherzöge Künstlerinnen heiraten!« Im Nachsatz fügte Leopold hinzu: »Er vergaß, daß er als erster eine Zuneigung zu einer Künstlerin gefaßt hatte – vergaß Kathi Schratt.«[9]

Erzherzog Leopold Ferdinand zu Beginn seiner militärischen
Karriere. Kein Wunder, dass Wilhelmine Adamovic auf Anhieb von
seiner »stattlichen Figur und seinem lieben Blick« fasziniert war.

Haushälterin in Przemyśl

Im Oktober 1896 jedenfalls machte Erzherzog Leopold Ferdinand seiner »Duzzi« den ersten Antrag. Er bat sie, ihm allein und ganz anzugehören, und sagte ihr im Gegenzug zu, aufs Beste für sie sorgen zu wollen. Das bedeutete eine jähe Umstellung. Wilhelmine Adamovic schrieb rückblickend: »Aber ich konnte eigentlich nicht so recht von Herzen glücklich werden: Mein Herz war durch das Vorleben zu sehr verwundet! Diese Trübung meines Glücks hielt viele Wochen lang an. Meine Seele und mein Herz waren durch den Stachel der Vergangenheit verletzt … Nach vielen Monaten war meine tiefe, harte Wunde ausgeheilt und meine Seele dazu fähig, der Liebe zu geben, was der Liebe ist. Erst in den Stunden unseres Beisammenseins fing für uns die wahre Glückseligkeit an. Er trug mich auf den Händen. Er verwöhnte mich so sehr, wie ihm das nur möglich war. Kniend betete er mich an und vergötterte mich. Es war eine Liebesseligkeit, in der wir ganz und gar aufgingen. Die nachmittägigen geheimen Spaziergänge erhöhten den Reiz dieser Heiligkeit nur noch, indem wir den holden Nachgenuß der göttlichen Liebe in Gottes Auen und Fluren einsogen.«[10]

Der von seiner Geliebten abwechselnd »Poldi« oder »Budi« Genannte arbeitete auch sonst am äußeren Erscheinungsbild seiner Geliebten. Um zumindest optisch einen seriösen Eindruck zu vermitteln, wies er sie an, auf Korsett und Schminke zu verzichten und das Haar natürlich zu frisieren. Der körperlichen Abhärtung sollte tägliches Duschen mit kaltem Wasser und dann Trocknen in der Luft dienen. Das alles half allerdings nur wenig, als der Erzherzog seine Geliebte im Januar 1897 mit einer Geschlechtskrankheit ansteckte. Sie nahm diese Unbill, mit der zur damaligen Zeit wohl alle Damen des horizontalen Gewerbes irgendeinmal rechnen mussten, gelassen: »Es war meine erste sexuelle Erkrankung, und ich habe ihre Tücken und Schmerzen leicht getragen, weil mir das Leid von *ihm* zugefügt worden war.« Und er revanchierte sich mit Fürsorge an ihrem Krankenbett. Nach ihrer Genesung kümmerte er sich um ihre Bildung. Er gab ihr selbst Unterricht in Englisch und deutscher Orthographie, überhäufte sie mit Geschenken und guter Lektüre und ließ sie Klavierunterricht nehmen.

In Wien erfuhr der Kaiser sämtliche Details der Affäre brühwarm. Gegen »Weibergeschichten« hatte am Wiener Kaiserhof beileibe niemand etwas einzuwenden. Solange sie sich im Rahmen hielten zumindest, und solange sie nicht drohten, ernsthaften Charakter anzunehmen. Auch über Wilhelmine Adamovic wusste man ganz genau Bescheid, dafür hatten schon die emsigen Polizeispitzel gesorgt. Eine Frau mit einer solchen Vergangenheit war für eine kurze Affäre durchaus akzeptiert, als ernsthafter Umgang für einen Erzherzog aber war sie vollkommen undenkbar. Der Kaiser zog die Konsequenzen: Um der Affäre ein Ende zu bereiten, versetzte er Leopold Ferdinand abermals, diesmal in die weit entfernte und äußerst unbeliebte Garnisonsstadt Przemyśl in Galizien. Der Erzherzog aber gab nicht nach. Er ließ Wilhelmine die Koffer packen und nahm sie mit in das Provinznest. Ab jetzt war sie eben seine Haushälterin.

»Poldi« und »Duzzi« tauschten ganz im Geheimen Ringe ihrer »himmlischen Hochzeit« und schworen, einander niemals zu verlassen. Das war die innige, die liebevolle Seite der Beziehung. Die alltägliche gestaltete sich weitaus weniger romantisch. Auch in Przemyśl gab es Standesdünkel, und die unterschieden sich kaum von denen in der Reichs- und Residenzstadt. Abgesehen davon, dass Wilhelmine nicht über geschliffene Umgangsformen verfügte und auch nicht ausreichend gebildet war, um Konversation zu führen, wäre sie nie als gleichwertige Partnerin eines Mitgliedes des Kaiserhauses akzeptiert worden. Sie durfte nicht darauf hoffen, gemeinsam mit ihrem Lebensgefährten eingeladen zu werden, ja das Paar konnte sich nicht einmal gemeinsam in der

Versetzt nach Przemyśl, ernannte der Erzherzog seine »Duzzi« zu seiner Haushälterin und nahm sie mit in die Provinz. Dass auch dort gewaltige Standesdünkel herrschten, musste das Paar bald schmerzlich erfahren.

Öffentlichkeit zeigen. Und nicht nur das: Wilhelmine hatte nie gelernt, wie man einen Haushalt führte, sie war mit dieser Aufgabe bald heillos überfordert. Dazu kam, dass der Erzherzog, der sich zwar bemühte, durch das penible Anlegen von Tabellen und Listen Ordnung in seine finanziellen Verhältnisse zu bringen, einfach nicht sparen konnte. Er machte seiner Geliebten teure Geschenke und führte ein aufwändiges Leben – bis ihm seine Schulden über den Kopf wuchsen. Karriere machte er trotzdem. Er stieg 1899 zum Oberstleutnant auf und ein Jahr später zum Oberst des 3. Feldbattaillons in Iglau.

Erzwungene Trennung

Auch in sein neues Quartier nahm Erzherzog Leopold Ferdinand seine Geliebte mit. Diesmal richtete er allerdings zwei Haushalte ein, und das belastete seine ohnehin angespannte finanzielle

Situation massiv. Schließlich entschloss er sich dazu, in Wien-Währing eine Villa zu kaufen. Dort quartierte er Wilhelmine ein und besuchte sie, so oft er konnte. Wilhelmine litt zeitweise darunter, dass diese Besuche allzu selten ausfielen. Sie war auch das ruhige, zurückgezogene Leben nicht gewöhnt, es bedrückte sie. Und zeitweise holten sie auch, wie sie selbst in ihren Memoiren zugab, die alten Dämonen ein, und sie suchte Abenteuer und Männerbekanntschaften. Davon freilich erfuhr die Presse nichts. Die »Wiener Bilder« berichteten: »In Iglau mußte der Herr Erzherzog zwischen dem Commando und dem Fräulein wählen. Er zog letzteres vor, und das Verhältnis setzte sich in Wien fort, wo der Erzherzog seiner Freundin eine Villa im Währinger Cottage ankaufte. Diese Villa trägt in der Sternwartestraße die Nummer 56 … In diesem Hause setzte der Erzherzog die Beziehungen zu Wilhelmine fort, und deren Schwester Gusti … wohnte als ihre Gesellschafterin bei ihr. Die ganze Nachbarschaft war in Kenntnis der häufigen Besuche des Erzherzogs in der Villa … Der Erzherzog Leopold hatte dort seine für ihn eingerichteten Wohnräume.«[11]

Selbst das wäre vom Kaiserhaus noch irgendwie toleriert worden. Dann aber setzte der Erzherzog einen Schritt, der die ganze Sache vollends zum Skandal machte. Er bekundete hoch offiziell seinen Willen, die »Künstlerin« Wilhelmine Adamovic zu heiraten. Ein Erzherzog aus dem Hause Habsburg, der plante, mit einer ehemaligen Prostituierten den heiligen Bund der Ehe einzugehen – das war zu viel für Seine Apostolische Majestät den Kaiser. Das war eine freche Herausforderung, das war geradezu eine Provokation. So etwas musste unterbunden werden. Und zwar sofort. Der Kaiser reagierte mit eiserner Faust. Er berief den Erzherzog aus Iglau ab und ließ ihn »zur Heilung nervöser Zustände« in die geschlossene Anstalt des Dr. Erlenmeyer nach Berndorf bei Koblenz am Rhein einweisen. Für ein volles Jahr.

Jetzt galt es nur noch, das ungleiche Paar auseinanderzubringen. Auch in diesem Punkt handelte das Kaiserhaus prompt und eiskalt. Eines Tages erschien Erzherzog Josef Ferdinand, der Bruder von Leopold, in Begleitung eines Rechtsanwaltes in der Sternwartestraße bei Wilhelmine Adamovic. Er forderte sie auf, die Villa innerhalb von acht Tagen zu verlassen. Als Trostpflaster überreichte er ihr im Namen des Großherzogs den Betrag von 100 000 Kronen in Wertpapieren. Dann nahm er ihr noch das Versprechen ab, den Erzherzog nie wieder zu treffen. Wilhelmine fügte sich, sie packte wieder einmal die Koffer und zog sich nach Baden zurück. Auch beim Erzherzog zeitigten Kur und »Gehirnwäsche« den gewünschten Erfolg. Im Januar 1902 meldete er seinem Kaiser, er habe sein Verhältnis zu Fräulein Adamovic gelöst und sei nun davon überzeugt, dass dies der einzige Weg sei, »um wieder ein anständiger Mensch und ein braver Soldat zu werden«.[12]

Gerade der letzte Punkt lag Erzherzog Leopold Ferdinand am Herzen. Er ersuchte den Kaiser um neuerliche Aufnahme in den Militärdienst. Vergebens. Kaiser Franz Joseph lehnte ab. Stattdessen gewährte er unbegrenzten Urlaub, aus gesundheitlichen Gründen. Der Erzherzog schrieb in seinen Erinnerungen: »… Ich hatte mich im Frühjahr und Sommer 1902 mehrfach direkt und indirekt an den Kaiser gewandt, mit der Bitte um Reaktivierung, bekam aber immer wieder den gallertartigen Entscheid, äußerst wohlwollend und scheinbar besorgt: mein Gesundheitszustand sei noch nicht genügend gekräftigt und ähnliches mehr. Ich sah nun klar, man hatte mich kaltgestellt. Meine liberalen Anschauungen, meine Bestrebungen, selbständige Arbeit zu leisten, mein Widerwille gegen alles, was Schablone hieß, war der damals herrschenden Richtung, die krampfhaft und ängstlich an Althergebrachtem und schon lange Überlebtem festhielt, störend und beunruhigend. Man war bemüht, sich eines so unbequemen Elements, das sich in den starren Rahmen nicht einfügen konnte und wollte, zu entledigen …«[13]

Flucht in die Schweiz

Auf diese neuerliche, zutiefst demütigende Abfuhr hin zog sich Erzherzog Leopold Ferdinand nach Salzburg zurück. Sein Vater, der Großherzog, nahm ihn liebevoll auf, er stand ihm mit Rat und Tat zur Seite. Und sogar für seinen Entschluss, »ein freies, von keinem äußeren Zwang, keiner verknöcherten Familientradition, keiner Etikette eingeengtes Dasein zu wählen«, hatte er Verständnis. Nicht zuletzt, weil Leopolds Probleme angesichts der Eskapaden, die sich genau zur gleichen Zeit dessen Schwester Luise leistete, vergleichsweise harmlos erschienen.

Luise, die nach Leopold Ferdinand als zweites Kind des Großherzogs geborene Tochter, war mit Prinz Friedrich August von Sachsen verheiratet worden. Am Königshof in Dresden erfüllte die Kronprinzessin vorerst ihre Pflichten und brachte in den Jahren von 1893 bis 1901 sechs Kinder zur Welt, von denen ein kleines Mädchen allerdings kurz nach der Geburt starb. Dann aber ließ sie keine Gelegenheit aus, den spießigen, philisterhaften Hof zu brüskieren. Das hatte Folgen. Sie wurde für »Verfehlungen« regelmäßig bestraft. Mit Stubenarrest hatte sie zum Beispiel dafür zu büßen, dass sie mit ihrem kleinen Sohn einen Badeausflug unternahm und Aufsehen verursachte, weil sie sich in ihrem – ohnehin züchtigen – Badekostüm zeigte. Auch ein Stück Kuchen, genossen im Atelier eines Malers in Loschwitz, eine Straßenbahnfahrt in Dresden oder ein Bummel über den Altenmarkt zogen Stubenarrest nach sich. Die Situation verschlimmerte sich dramatisch, als Luises Schwiegervater, Prinz Georg, ein religiöser Fanatiker, der stundenlang vor dem Altar seiner Hauskapelle kniete, den Thron bestieg. Ihm waren Luises Originalität und Phantasie ein Dorn im Auge. Allein, dass sie mit dem Fahrrad durch Dresden radelte, betrachtete er als Skandal. Erst recht provoziert fühlte sich der streng katholische König aber dadurch, dass sie ihre Vorliebe für das protestantische Volk zeigte. Das Fass zum

Leopolds Schwester, Kronprinzessin Luise von Sachsen, in
Verkleidung. Sie sorgte für Skandale am Hof in Dresden und
flüchtete gemeinsam mit ihrem Bruder 1902 in die Schweiz.
Später heiratete sie den um 13 Jahre jüngeren Komponisten
Enrico Toselli.

Überlaufen brachte Luises Vorliebe für André Giron, den aus Brüssel stammenden Sprachlehrer ihrer Kinder. Dass sich zwischen Luise und dem eleganten und geistvollen Sprachlehrer etwas abspielte, hatten die ständig schnüffelnden Bediensteten bald herausgefunden. Giron wurde am 2. Dezember 1902 entlassen. Luise war abermals schwanger. Ihr Schwiegervater stellte sie vor die Alternative: Irrenhaus oder Kloster.

Luise entschloss sich in Panik zur Flucht. Sie verließ Dresden und fuhr nach Salzburg, um sich mit ihrem Vater auszusprechen. Dieser aber zeigte kaum Verständnis. Er schrieb ihre Ängste und Verfolgungsvermutungen ihren durch die Schwangerschaft überreizten Nerven zu und versuchte, sie zur Rückkehr an den Dresdener Königshof zu bewegen. Bei ihrem Bruder, Erzherzog Leopold Ferdinand, fand sie mehr Verständnis. Er befand sich in einer ähnlichen Situation wie sie und hatte das »Irrenhaus« ja schon hinter sich. Er war es schließlich, der seiner Schwester die gemeinsame Flucht in die Schweiz vorschlug.

Die dramatischen Tage Anfang Dezember schilderte Erzherzog Leopold Ferdinand später folgendermaßen: »Die erste Gelegenheit ergriff ich, um den Ekel, der sich angesammelt hatte und unerträglich geworden war, abzuschütteln. Am 11. Dezember 1902 begleitete ich meine Schwester Luisa nach Zürich. Ich war frei; es kam nun der erwartete große Krach, die lächerlichen Versuche, mit Gewalt, Drohung, mit List meine Rückkehr zu erzwingen. Nicht etwa im Interesse des Freigewordenen, o nein, nur damit auf der Familie kein Makel liegen bleibe. Johann Orth hatte dem System einen Stoß versetzt, nun kam der zweite. So leid es mir um meinen Vater, der nahe am Erblinden war, um meine Mutter, die schwer darunter litt, und meine geliebte Kinderfrau tat, ich konnte nicht zurück.«[14]

Luise war der festen Überzeugung, dass Leopold Ferdinand mit ihr in der Schweiz ein Heim gründen wolle. Dass es da aber auch eine Geliebte gab, und dass auch sie nach Zürich kommen würde, hatte sie allerdings nicht bedacht. Und ihr Bruder hatte einfach vergessen, es ihr mitzuteilen.

Auch bei Wilhelmine Adamovic lagen indes die Nerven blank. Sie raffte in Baden alles zusammen, was sie nur erwischen konnte, türmte Koffer auf Koffer und machte sich schließlich Hals über Kopf auf den Weg. Samt Hausmädchen Grete und dem Kanarienvogel, der sinnigerweise wie der Erzherzog auf den Namen »Bubi« hörte. Wie gefährlich die Situation war, wusste sie. Ihr Geliebter hatte erfahren, dass seine Mutter zu Luise gesagt hatte: »Der Leopold muß unter Kuratel – er fängt mit der Person wieder an!«

Als Wilhelmine in Zürich auftauchte, fiel Luise aus allen Wolken. Das hatte sie weder erwartet noch gewünscht. Und als sie die Geliebte ihres Bruders näher kennenlernte, erfasste sie erst recht blankes Entsetzen: Diese Frau hatte offenbar nicht die einfachsten Grundsätze der Erziehung genossen, sie wusste nicht einmal, wie man sich bei Tisch benahm! Bei aller Freizügigkeit und auch angesichts der Tatsache, dass auch sie einen Geliebten aus bürgerlichen Kreisen hatte: Diese Person empfand Luise als glatte Zumutung.

Die weiteren Schritte verliefen dennoch planmäßig. Luise ließ ihren Geliebten André Giron nach Zürich kommen. Alle vier begaben sich nach Genf, nahmen Wohnung im Hotel d'Angleterre und schmiedeten Zukunftspläne. Der Erzherzog verfasste das Schreiben mit der aus Sicherheitsgründen fingierten Absender-Adresse Brüssel an den Kaiser, mit dem er um seinen Austritt aus dem Hause Habsburg ersuchte.

Herr Leopold Wölfling

Die Reaktion des offensichtlich brüskierten Kaisers war kalt und unbarmherzig. Wie 13 Jahre zuvor bei Johann Orth genehmigte er auch diesmal den Austritt aus dem Kaiserhaus, stellte aber eine Reihe von Bedingungen. Erzherzog Leopold Ferdinand akzeptierte sie nicht gleich. Wie es Johann Orth ergangen war, hatte er noch gut in Erinnerung, auf diese Art wollte er sich nicht abkanzeln lassen. Es dauerte bis zum April 1903, bis es den Anwälten und kaiserlichen Behörden gelang, Übereinstimmung in allen rechtlichen Punkten zu erzielen und auch die finanzielle Seite zu regeln. Erst als Großherzog Ferdinand IV. im Gegenzug für seinen Verzicht auf alle familien- und erbrechtlichen Ansprüche die einmalige Zahlung von 200 000 Kronen und eine monatliche Unterhaltszahlung von 3000 Kronen zusagte, hatte das Tauziehen ein Ende. Leopold unterschrieb am 10. April 1903 seinen Austritt aus dem Hause Habsburg. Er verzichtete damit auf die Erbfolge, hatte alle bis dahin erhaltenen Orden zurückzugeben – er behielt lediglich das Militärverdienstkreuz für die Rettung zweier Ertrinkender, eine Auszeichnung, die er sich, wie er in seinen Erinnerungen geradezu zynisch erwähnte, wirklich verdient hatte. Der Name Erzherzog Leopold Ferdinand wurde aus dem Gotha gestrichen, und dem abtrünnigen Mitglied des Kaiserhauses wurde zur Bedingung gestellt, dass er auf Dauer im Ausland leben sollte.

Erzherzog Leopold Ferdinand Salvator von Österreich war dank eines Identitäts-Zeugnisses seiner kaiserlichen und königlichen Apostolischen Majestät zu Herrn Leopold Wölfling geworden. Er atmete auf und fühlte sich endlich frei. Jetzt konnte er tun, was er wollte. Er heiratete im Juli 1903 in Vyrer in der Schweiz Wilhelmine Adamovic. Das Paar erhielt in der Schweiz Wohnsitzerlaubnis und bezog eine hübsche Villa in Zug, die Großherzog Ferdinand organisiert hatte.

In der Schweiz fühlte sich Wölfling anfangs ausgesprochen wohl. Er bezog eine Rente, hatte also keine finanziellen Sorgen und konnte sich mit Mathematik, Botanik und Astronomie beschäftigen. Er erinnerte sich: »In der ersten Zeit meiner Verbannung kam ich manchmal mit meinen Verwandten zusammen, die eine Reise in die Schweiz machten, und erfuhr von ihnen, was es am Hofe gab. Doch mit den Jahren verlor das für mich an Interesse, und wenn man mich an die Hofburg erinnerte, ging ich schnell auf ein anderes Thema über. Die Erinnerungen an die Hofburg waren mir unangenehm und ich wollte sie so schnell wie möglich vergessen, wie einen bangen Traum ...«[15]

Am Ehehimmel zogen allerdings bald Wolken auf. Immer stärker traten die Unterschiede in Charakter und – vor allem – in Erziehung zutage. Das wurde »Herrn Wölfling« besonders auf einer Reise nach Südfrankreich in aller Deutlichkeit klar. Während er, der von frühester Jugend an daran gewöhnt worden war, sich mit Kunst und Kultur zu beschäftigen, sich schon vor Reiseantritt einen genauen Plan machte, was er alles besichtigen und welche Veranstaltungen er besuchen wollte, zeigte seine junge Frau nur Interesse für Trivialitäten. Das war aber erst der Anfang der Unstimmigkeiten.

Trennung und Wilhelmines Tod

Die »Aussteiger-Kolonie«, die Leutnant Karl Gräser, den Wölfling beim Militär in Przemyśl kennengelernt hatte, auf dem Monte Verità, einem Hügel über Ascona, gegründet hatte, entzweite das einst so innige Paar vollends. Der Naturapostel und Vegetarier Gräser hatte »Naturmenschen« um sich versammelt, ein bunt zusammen gewürfeltes Häufchen aus Anarchisten und Intellektuellen, die jenseits aller Konventionen und Zwänge ein alternatives Leben führten. Dass Kamm und Seife als Attribute eines glücklich überwundenen Lebensstils verpönt waren und attraktive Kleidung als verwerflicher Luxus verteufelt wurde, begeisterte Wilhelmine weit mehr als den Ex-Erzherzog.

Hatte sich Leopold Wölfling anfangs bei den »Naturmenschen« noch durchaus wohlgefühlt, so entwickelte er nach einigen Wochen einen richtigen Widerwillen gegen die handgewebten, groben Leinengewänder und die ausschließlich aus Früchten und Gemüse bestehende Kost. Er entschloss sich zur Abreise und ließ seine Frau zurück. Die Ehe wurde im Juli 1907 geschieden.

Glatt allerdings verlief auch diese Trennung nicht. Das »Berliner Tagblatt« ließ seine Leser in der Sonntags-Ausgabe vom 8. März 1908 über Wilhelmines Reaktion wissen: »... Auch wollte sie ihren Advokaten, Leopold Wölfling und sich selbst erschießen. Ihre Aufregung war derart, daß ihre Schwester die Polizei rief, worauf Wilhelmine Adamovics tobsüchtig wurde. Als ihre Kleider sich dabei am Gasofen entzündeten, drohte sie, sich mit einer Hutnadel zu erstechen. Die Rettungsgesellschaft schnallte sie an eine Tragbahre, mußte sie aber wieder freilassen, worauf sie den Versuch machte, sich aus dem Fenster zu stürzen. Endlich gelang es, sie im Automobil auf die Polizei zu bringen, wo sie erklärte, niemanden als sich selbst umbringen zu wollen.«[16]

Wilhelmine kam über die Trennung nie hinweg. »Herr Wölfling« war schon längst weit, weit weg, da phantasierte sie noch davon, ihm seinen sehnlichen Wunsch nach einem Kind zu erfüllen, und unterzog sich sogar einer Unterleibs-Operation. Bis zu ihrem Lebensende sollte ihr nicht mehr viel Zeit bleiben. Die lebensreformerischen Vorstellungen und die Methoden der Abhärtung zeigten bald katastrophale Wirkung bei Wilhelmine. Josef Schmall, der Herausgeber ihrer Memoiren, schrieb später: »Wieder war es ihr Mann, der sie zuerst auf ›hygienische‹ Gedanken brachte. Auch darin hat er wieder gefehlt, indem er sie abermals auf halbem Wege sich selbst überließ. In ihrem Eifer des Suchens auf allen Gebieten fand sie bald auch hierin das Extrem. Ihr Gatte sagte ihr, daß sie sich täglich gleich tüchtig mit kaltem Wasser ganz abwaschen und dann so lange nackt in der Luft herumtreiben solle, bis der Körper völlig trocken geworden wäre. Dieses Gebot der Abhärtung befolgte sie jahrelang mit heiligem Eifer, weil sie bis auf ihre Grundleiden – dabei sonst aber ganz gesund blieb! Nun aber reichte der Verstand der armen Frau nicht so weit, daß sie die weisen Grenzen dieser Abhärtungskur zu bestimmen verstanden hätte. Sie ›härtete‹ also flottweg jahrein jahraus ›ab‹ und verlor dabei immer mehr an Lebenskraft und Blutwärme!«[17]

Die »Abhärtungen« jagten dem Biographen Schauer über den Rücken. Wilhelmines Bett habe nur aus einem Holzgestell mit einer Drahtmatratze bestanden, darauf eine leichte Kamelhaardecke und ein Kopfpolster. Sie habe nachts nicht geschlafen, kaum gegessen und immer wieder »Kuren« gemacht. Selbst eiskalt, habe sie in einem eiskalten Zimmer gelebt, gegen ihre eiskalte Hand sei eine starre Totenhand noch warm gewesen. Tatsächlich starb Wilhelmine Wölfling Adamovic 1910, nur drei Jahre nach der Scheidung.

Eine zweite Ehe

Die Eskapaden des Ex-Erzherzogs waren noch nicht aus den Schlagzeilen diverser Zeitungen verschwunden, da sorgte Wölfling schon für neuen Zündstoff: Im Oktober 1907, knapp drei Monate nach seiner Scheidung von Wilhelmine, heiratete er zum zweiten Mal. Diesmal gab er auf einem Zürcher Standesamt Maria Magdalena Ritter das Ja-Wort. Ehefrau Nr. 2 war eine Prostituierte, die er wenige Wochen zuvor einem Zuhälter für

10 000 Mark »abgekauft« hatte, der mit diesem Betrag später in Berlin ein Butter- und Käsegeschäft eröffnete.

Das ungewöhnliche Leben des einstigen Mitgliedes des Kaiserhauses erregte ungeheures Interesse. Die Zeitungen wurden nicht müde, über ihn und seine Vorliebe für das »Milieu« zu berichten, und zwar nicht nur im deutschsprachigen Raum. Über das neue Eheglück des Herrn Wölfling erfuhren sogar Leser der »New York Times« pikante Details. Der ehemalige Erzherzog habe abermals unter seinem Stand geheiratet und abermals ziehe er das einfache Leben vor, berichtete ein ausführlicher Artikel. Er sei mit seiner Frau in das kleine Fischernest Blonville in der Normandie gezogen. Das Paar habe keine Bediensteten, die Hausarbeit erledige eine Zugehfrau. Frau Wölfling koche selbst, sie trage überdies einfache Bauernkleider. Den täglichen Einkauf besorge Herr Wölfling. Er gehe in groben Leinenhosen, schäbigem Mantel und Kappe zum Markt.

Während das Paar wenig später nach Paris zog, schlug in der Schweiz das Ansuchen Wölflings um Einbürgerung ein wie eine Bombe. Die biederen Schweizer liefen Sturm gegen den einstigen Erzherzog, der »weltweit durch seine Weibergeschichten bekannt sei«. Die Behörden reagierten gelassener. Sie erteilten Wölfling die Aufenthaltsgenehmigung.

In der Schweiz schlug Wölfling sein nächstes Domizil dennoch nicht auf. Er zog es vor, mit seiner Frau nach Deutschland zu ziehen. In Schlangenbad bei Wiesbaden wurde die »Villa Dagmar« zum Liebesnest für das frisch getraute Paar. Lang allerdings dauerte auch diesmal die traute Zweisamkeit nicht. Wölfling zeigte sich zwar von seiner großzügigen Seite, er überhäufte seine von »Nervenfieber« geschüttelte Frau mit Geschenken, Geld und Schmuck, sie aber machte ihm das Leben zur Hölle. Während sie schlief, sich zurechtmachte oder ausging, hatte er zu putzen, einzukaufen und zu kochen. Wölfling spielte einige Wochen mit. Dann platzte ihm der Kragen. Am 31. Mai verließ er vormittags das Haus. Am Nachmittag erhielt seine Frau ein Telegramm: »Ich kehre nicht zurück. Kein Grund zur Besorgnis. Gruß und Dank, Leopold.« So scheiterte auch diese Ehe nach nur vier Jahren. Die beiden sahen sich nie wieder. Geschieden wurde die Ehe erst 15 Jahre später.

Dem Rotlichtmilieu blieb Wölfling dennoch treu. Schon im Oktober 1912 suchte er bei der Münchner Polizei darum an, die Prostituierte Maria Schweikhardt aus der Aufsicht zu entlassen, weil er zur Gänze für sie sorgen wolle. Das dafür nötige Geld war vorhanden. Im Mai 1911 war sein Onkel Johann Orth, der seit 1891 in den Gewässern um Kap Hoorn verschollen war, amtlich für tot erklärt worden. Auf Wölfling entfiel ein Zwölftel seiner Hinterlassenschaft, das waren immerhin 300 000 Kronen.

Notjahre nach dem Ersten Weltkrieg

Um 1914 befand sich Leopold Wölfling in der Schweiz. Als der Erste Weltkrieg ausbrach, entdeckte er sein Herz für sein Vaterland. Er bemühte sich, in die Reihen seiner Verteidiger aufgenommen zu werden. Mutter Alix, mit der er trotz allem in engem Kontakt geblieben war, unternahm in seinem Namen einen Vorstoß bei Kaiser Franz Joseph. Vergebens. Der Kaiser schnaubte lediglich vor Wut: »Erwähne den Namen Leopold nicht mehr. Er ist, seit ich ihn verbannt habe, tot für mich und wird es immer bleiben!«[18]

Das Ende des Ersten Weltkrieges wurde auch für Wölfling zur vernichtenden Niederlage. Bis dahin hatte die Apanage, die er von seinem Vater erhielt, seinen Lebensunterhalt gesichert. Jetzt, nach dem Untergang der Monarchie, fielen diese Zahlungen weg. Wölfling hatte nie einen Beruf gelernt, er war nie gezwungen gewesen, selbst Geld zu verdienen – und plötzlich war er mit der Tatsache konfrontiert, dass er vor dem Nichts stand.

Der Krieg und das Ende der Habsburger-Monarchie hatte allerdings eines bewirkt: Das gegen Wölfling erlassene Einreiseverbot nach Österreich hatte seine Wirkung verloren. Im Jahre 1921 konnte der einstige Erzherzog nach 19 Jahren nach Wien zurückkehren. In der früheren Residenzstadt hatte sich allerdings vieles verändert. Die Straßen ebenso wie die alten Bekannten, die er kaum wiedererkannte und die ebenso Not litten wie er. Das Angebot einer Filmgesellschaft, in einem Film über die Habsburger sich selbst in der Zeit zu spielen, als er Erzherzog war, lehnte er entrüstet ab. Ebenso das Angebot eines noblen Hotels an der Ringstraße, das ihn als Portier einstellen wollte – in der Hoffnung, ein ehemaliger Erzherzog gebe einen guten Lockvogel für die Gäste ab.

Eine Chance tauchte auf, als Wölfling eine Stelle als Korrespondent für Fremdsprachen erhielt – immerhin beherrschte er zwölf Sprachen. Dann aber stellte sich heraus, dass sein Chef nichts anderes vorhatte, als mit dem ehemaligen Erzherzog vor seinen Freunden zu prahlen und ihm Details über das Leben in der Hofburg zu entlocken.

Eine Gnadenpension, um die Wölfling angesucht hatte, wurde abgelehnt. Von Woche zu Woche verschlimmerte sich die Lage. Es gelang ihm vorerst noch, sich als Versicherungsagent, Beamter in einer Wechselstube oder Inseratenaquisiteur durchzuschlagen, er arbeitete sogar als Würstelverkäufer. Später kehrte er nach Berlin zurück und wurde Eintänzer im Berliner Hotel Adlon. Dort inspirierte der zwar »abgetakelte«, in seinem ganzen Auftreten aber immer noch hochelegante Ex-Erzherzog Textdichter Julius Brammer zu dem auch heute noch beliebten Schlager »Schöner Gigolo, armer Gigolo«:[19]

Schöner Gigolo, armer Gigolo,
denke nicht mehr an die Zeiten,
wo du als Husar,

goldverschnürt sogar,
konntest durch die Straßen reiten.
Uniform passé, Mädchen sagt Adieu,
schöne Welt, du gingst in Fransen.
Wenn das Herz dir auch bricht,
mach ein lachendes Gesicht!
Man zahlt, und du musst tanzen.

Eines Tages ging dann überhaupt nichts mehr. Wölfling kam wieder nach Wien. Er hungerte, und als er seine Miete nicht bezahlen konnte, setzte ihn die Vermieterin vor der Tür. Wölfling schrieb in seinen Erinnerungen: »Es wird dunkel. Die Lampen in den Cafés verlöschen, und die Straßen werden leer, ich aber gehe und gehe. Jetzt blicke ich neidisch zu den Fenstern der Häuser hinaus und denke an die, welche jetzt dort schlafen, in warmen Schlafzimmern, in weichen Betten, unter schönen Steppdecken … Glückliche Menschen! Sie schlafen, sehen schöne Träume und werden, wenn sie erwachen, nicht wissen, wie sehr sie der ehemalige Erzherzog beneidet hat, der in der Nacht vor ihrem Fenster stand … ganz erschöpft sinke ich auf eine Bank und bleibe einige Minuten lang schwer atmend sitzen. Plötzlich zucke ich erschreckt zusammen – etwas hat meine Hand berührt – ich sehe scharf hin und gewahre neben mir einen Hund. Er schmiegt seinen Kopf an meine Hand. Er ist vom Regen durchnässt und zittert vor Kälte. Beim Schein einer Laterne sehe ich seine großen, traurigen Augen. Sie blicken mich flehend an. Tiefe Zärtlichkeit erfüllt mich. Armes Tier – es ist ebenso obdachlos wie ich … Wir sind Kameraden im Unglück. Ich presse den Hund fest an mich – und so verbringen wir diese lange Nacht – einer den anderen wärmend … der ehemalige Erzherzog und der Hund …«[20]

So aussichtslos die Lage auch schien, es gab Rettung: Herr Wölfling wurde per Telegramm gebeten, in Berlin bei der Premiere eines Stummfilmes über die Habsburger einen kleinen einlei-

Vom wahren Leben auf die Bühne: Leopold Wölfling (2. v. l.) 1928 im Wiener Volkstheater, bei den Proben zu dem Stück »Johannes Orth« von Friedrich Schreyvogl.

tenden Vortrag zu halten. Er nahm an. Und als das Publikum im Primus-Palast an der Potsdamer Straße begeistert applaudierte, wurde er dazu verpflichtet, diesen Vortrag auch in anderen Städten zu halten. So wurde er Conférencier und reiste mit dem Film auch ins Ausland. Lang allerdings hielt diese Glückssträhne nicht an. Man verzichtete bald aus Kostengründen immer öfter auf seine Tätigkeit.

Wieder in Berlin, zeigte die Not Leopold Wölfling ihr schreckliches Gesicht, wie er sich ausdrückte. Als er erfuhr, dass im Kabarett »Rakete« ein Türsteher gesucht wurde, bewarb er sich notgedrungen um die Stelle. Er erhielt sie nicht. Der Inhaber des Kabaretts hatte erkannt, dass er einen waschechten österreichischen Erzherzog vor sich hatte, witterte ein lukratives Geschäft und engagierte ihn als Schauspieler. Also stand Wölfling ab dem Sommer 1922 täglich außer montags auf der Bühne. In Tropenuniform, mit Helm und »scheuchender« Hose gab er einen Erzherzog-Admiral, der auf der Suche nach einer Jugendfreundin – welcher Zufall – in ein eindeutig-zweideutiges Etablissement gerät. An Text war für ihn nicht viel vorgesehen. Er hatte lediglich Worte zu sagen wie »Bittschön« oder »ganz meinerseits«. Wenn er jedoch mit »Hoheit« angesprochen wurde, applaudierte das Publikum. Es wusste, dass hier eine echte Hoheit auf der Bühne stand. Schließlich waren die »Sensation« und »die Hoheit« in zwei Schaukästen neben dem Kassenhäuschen angekündigt. Und im Programmheft war die ganze Titelflut angeführt: »Kaiserlicher Prinz und Erzherzog von Österreich, Königlicher Prinz von Ungarn und Böhmen, Großherzog von Toscana und Ritter des Ordens vom Goldenen Vlies«.[21]

Letzte Jahre

Wohlgefühlt hat sich der Ex-Erzherzog in dieser Rolle mit Sicherheit nicht. In seinen Erinnerungen verteidigte er sich aber lapidar: »Man muss schließlich von etwas leben.« In Wien adoptierte Wölfling, der mittlerweile unter Asthma und Bronchitis litt, später Aloisia Böhm, aller Wahrscheinlichkeit nach seine in Brünn geborene Tochter, die sich durch ihre Alimentationsklage in Erinnerung gerufen hatte. Ihr Mann, der Sozialdemokrat Johann Böhm, betrieb in Kaisermühlen, in der Schiffsmühlenstraße 58, eine Greißlerei. Der ehemalige Erzherzog half dort oft aus, schnitt Wurst auf und packte Brötchen ein, das Geschäft aber ging schlecht und machte bald Pleite. Die »Familie« übersiedelte daraufhin in ein kleines Einfamilienhaus in Wien-Mauer, Rosenhügelstraße 239, wo Aloisia ihren Vater liebevoll betreute. Ihr Mann muss sich später politisch mit dem Wind gedreht haben. Als Wölfling 1929 ein neuerliches Ansuchen um Gnaden-

Eine Zeit lang half »Herr Wölfling« in dem Delikatessen-Geschäft aus, das sein
Schwiegersohn in Kaisermühlen betrieb. Die Wiener liebten es, sich von einem
Ex-Erzherzog Wurst und Käse aufschneiden zu lassen.

pension stellte, erbat er die Antwort jedenfalls an Johann Böhm,
Ortsleiter der Heimwehr, in Mauer.

Dass Wölfling immer wieder versuchte, von offizieller Seite
Unterstützung zu erhalten, beweist sein vor kurzem von der Österreichischen Nationalbibliothek über ein deutsches Auktions-
haus für 8000 Euro erworbenes »Erbe«. Darin finden sich neben
einigen Dokumenten, Fotos und privaten Gegenständen wie
Füllfedern – das waren vermutlich die einzigen Wertgegenstände,
die er noch besaß – Bettelbriefe mit abschlägigen Antworten
von Kanzler Seipel und diversen Aristokraten. Ein Unbekannter
schickte ihm 1930 einen Brief, dem 250 Schilling beilagen, »in der
Hoffnung, Sie vor dem Ärgsten zu bewahren«.

Ende der 1920er ergaben sich in Berlin Möglichkeiten, das
finanzielle Tief zu überwinden. Ein Verleger regte Wölfling
zum Schreiben an und sagte ihm zu, seine Erinnerungen an die

Mit Klara Hedwig Pawlowski, der um 34 Jahre jüngeren Tochter
eines Eisenbahners, fand der Ex-Erzherzog in Berlin ein letztes,
bescheidenes Glück.

Hofburg und die Habsburger in seiner Zeitung abzudrucken.
Seine Artikel erschienen in der »Berliner Morgenpost«. Es folgte
eine Serie unter dem Titel »Habsburger Kaiserinnen, die ich
kannte«. Die Leser waren begeistert und verlangten nach mehr.
Der Verleger hätte nur zu gerne auch eine Serie über Wölflings
eigene »Weibergeschichten« gedruckt – diesem Wunsch kam
dieser aber nicht nach. Nicht zuletzt, weil sich im Leben des
früheren Erzherzogs auch privat vieles zum Positiven gewendet

hatte. Wölfling hatte einen bescheidenen Hausstand gegründet, in den auch, wie er es nannte, »ein unscheinbares Blümelein« eingezogen war.

Tatsächlich hatte Leopold Wölfling im Juli 1933 ein drittes Mal geheiratet, Klara Hedwig Pawlowski, die um 34 Jahre jüngere Tochter eines Eisenbahners. Mit ihr bewohnte er in der Belle-Alliance-Straße 53, dem heutigen Mehringdamm in Kreuzberg, eine kleine, dunkle Wohnung im zweiten Stock. Dort schrieb er seine Artikel und seine Erinnerungen, die unter dem Titel »Als ich Erzherzog war« veröffentlich wurden. Er schloss mit den Worten: »Ich bin 66 Jahre alt. Habe ein langes und buntes Leben hinter mir und wollte jetzt, da ich mich der Schwelle der Tür nähere, die in eine andere, geheimnisvolle Welt führt, noch einmal auf die Vergangenheit zurückblicken … Meine Arbeit ist beendet. Ich habe meinen Lesern alles mitgeteilt, was ich erzählen konnte, und mache zufrieden einen Punkt.«[22]

Der Punkt geriet auch zum Schlusspunkt unter sein Leben. Wölfling starb am 4. Juli 1935 in Klaras Armen. Auf seinem letzten Weg auf dem Friedhof III der Jerusalems- und Neuen Kirche am Mehringdamm begleitete ihn nur eine Handvoll Trauergäste.

Anmerkungen

Allerliebster Esel: Isabella und Marie Christine

1   Helmut Neuhold: Das andere Habsburg. Homoerotik im österreichischen Kaiserhaus, Tectum Verlag, Marburg 2008, S. 272
2   Helmut Neuhold: Das andere Habsburg. Homoerotik im österreichischen Kaiserhaus. Tectum Verlag, Marburg 2008, S. 272
3   Ursula Tamussino: Isabella von Parma, Gemahlin Joseph II., ÖBV Wien 1989, S. 118
4   Wienerisches Diarium, 11. Oktober 1760
5   zitiert nach Charlotte Pangels: Die Kinder Maria Theresias, Verlag Callwey, München 1983, S. 165
6   zitiert nach Franz Herre: Maria Theresia. Die große Habsburgerin, Piper Verlag, München 2004, S. 323
7   zitiert nach Charlotte Pangels: Die Kinder Maria Theresias, Verlag Callwey, München, 1983, S. 100 f
8   Helmut Neuhold: Das andere Habsburg. Homoerotik im österreichischen Kaiserhaus, Tectum Verlag, Marburg 2008, S. 274
9   Ursula Tamussino: Isabella von Parma, Gemahlin Joseph II., ÖBV Wien 1989, S. 203
10   Ursula Tamussino: Isabella von Parma, Gemahlin Joseph II., ÖBV Wien 1989, S. 206
11   Ursula Tamussino: Isabella von Parma, Gemahlin Joseph II., ÖBV Wien 1989, S. 204
12   Ursula Tamussino: Isabella von Parma, Gemahlin Joseph II., ÖBV Wien 1989, S. 203 f
13   Ursula Tamussino: Isabella von Parma, Gemahlin Joseph II., ÖBV Wien 1989, S. 205
14   Ursula Tamussino: Isabella von Parma, Gemahlin Joseph II., ÖBV Wien 1989, S. 220
15   zitiert nach Charlotte Pangels: Die Kinder Maria Theresias, Verlag Callwey, München, 1983, S. 105
16   Fred Hennings: Das josephinische Wien, Herold, Wien 1966, S. 19

Das leicht entzündbare Herz: Marie-Louise

1   zitiert nach Franz Herre: Marie Louise. Napoleon war ihr Schicksal, Kiepenheuer & Witsch, Köln 1996, S. 53
2   zitiert nach Franz Herre: Marie Louise. Napoleon war ihr Schicksal, Kiepenheuer & Witsch, Köln 1996, S. 51
3   Jean de Bourgoing: Marie Louise von Österreich, Bergland Verlag, Wien 1953, S. 423
4   Jean de Bourgoing: Marie Louise von Österreich, Bergland Verlag, Wien 1953, S. 426
5   Constantin von Wurzbach: Biographisches Lexikon des Kaiserthums Österreich, Verlag L. C. Zamarski, Wien 1861, Band 7, S. 54–56

6   Franz Herre: Marie Louise. Napoleon war ihr Schicksal, Kiepenheuer & Witsch, Köln
     1996, S. 255

7   Joseph-Alexander Freiherr von Helfert: Maria Louise, Erzherzogin von Österreich,
     Kaiserin der Franzosen, Braumüller, Wien 1873, S. 180

8   Jean de Bourgoing: Marie Louise von Österreich, Bergland Verlag, Wien 1953, S. 592

9   Franz Herre: Marie Louise. Napoleon war ihr Schicksal, Kiepenheuer & Witsch, Köln
     1996, S. 259

Erzherzog Johann und Anna Plochl

1   Johann, Erzherzog von Österreich – Alfred Wokaun (Hrsg.): Der Brandhofer und seine
     Hausfrau. Von ihm selbst erzählt, Leykam Verlag, Graz 1978, S. 59

2   Johann, Erzherzog von Österreich – Alfred Wokaun (Hrsg.): Der Brandhofer und seine
     Hausfrau. Von ihm selbst erzählt, Leykam Verlag, Graz 1978, S. 59

3   Das Buch erschien 1930 in Graz und wurde 1978 anlässlich des 150-jährigen Bestehens
     der Grazer Wechselseitigen Versicherung neu aufgelegt.

4   Johann, Erzherzog von Österreich – Alfred Wokaun (Hrsg.): Der Brandhofer und seine
     Hausfrau. Von ihm selbst erzählt, Leykam Verlag, Graz 1978, S. 67

5   Johann, Erzherzog von Österreich – Alfred Wokaun (Hrsg.): Der Brandhofer und seine
     Hausfrau. Von ihm selbst erzählt, Leykam Verlag, Graz 1978, S. 68

6   zitiert aus C.C. in der Beek: Von ihrer Liebe sprach die Welt, Marion von Schröder
     Verlag, Hamburg 1967, S. 181

7   Johann, Erzherzog von Österreich – Alfred Wokaun (Hrsg.): Der Brandhofer und seine
     Hausfrau. Von ihm selbst erzählt, Leykam Verlag, Graz 1978, S. 133

8   Johann, Erzherzog von Österreich – Alfred Wokaun (Hrsg.): Der Brandhofer und seine
     Hausfrau. Von ihm selbst erzählt, Leykam Verlag, Graz 1978, S. 138

9   StLA, Archiv Erzherzog Johann, Sch. 6: Brief von Erzherzog Johann an Franz Xaver
     Peball, Brandhof, 29. April 1824, zitiert aus: Elke Hammer: Anna Plochl und Erzherzog
     Johann – Kehrseiten einer »lieblichen Romanze«. In: Mitteilungen des steiermärkischen
     Landesarchivs 48 (1998), S. 299–332

10   Johann, Erzherzog von Österreich – Alfred Wokaun (Hrsg.): Der Brandhofer und seine
     Hausfrau. Von ihm selbst erzählt, Leykam Verlag, Graz 1978, S. 157

Erzherzog Heinrich und die Sängerin Leopoldine Hofmann

1   Leopold Wölfling: Als ich Erzherzog war. Meine Erinnerungen, Dr. Selle-Eysler, Berlin
     1935, S. 153

2   (Linzer) Tagespost, Nr. 276, 1. Dezember 1891

3   Tagespost 30. November 1891, zitiert nach Anita Kupka-Ziegerhofer: Leopoldine Hof-
     mann (1842–1891). Sängerin und Erzherzogsgattin. In: Blätter für Heimatkunde. Histo-
     rischer Verein für Steiermark, Jg. 69 (1995), S. 81–92, hier S. 82

4   vgl. Anita Kupka-Ziegerhofer: Leopoldine Hofmann (1842–1891). Sängerin und Erz-
     herzogsgattin. In: Blätter für Heimatkunde. Historischer Verein für Steiermark, Jg. 69
     (1995), S. 81–92, hier S. 83/84

5   (Linzer) Tagespost, Nr. 277, 2. Dezember 1891

6   (Linzer) Tagespost, Nr. 277, 2. Dezember 1891

7   Leopold Wölfling: Als ich Erzherzog war. Meine Erinnerungen, Dr. Selle-Eysler, Berlin
     1935, S. 137

8 Tagespost, 2. Dezember 1891, zitiert nach Anita Kupka-Ziegerhofer: Leopoldine Hofmann (1842–1891). Sängerin und Erzherzogsgattin. In: Blätter für Heimatkunde. Historischer Verein für Steiermark, Jg. 69 (1995), S. 81–92, hier S. 87

9 zitiert nach Anita Kupka-Ziegerhofer: Leopoldine Hofmann (1842–1891) Sängerin und Erzherzogsgattin. In: Blätter für Heimatkunde. Historischer Verein für Steiermark, Jg. 69 (1995), S. 81–92, hier S. 88

10 (Linzer) Tagespost, Nr. 277, 2. Dezember 1891

11 Die Presse Nr. 329, 30. November 1891

12 Die Presse Nr. 329, 30. November 1891

»Enfant terrible« Johann Orth und die Tänzerin Milli Stubel

1 Johann Orth der Seefahrer oder Leben, Wirken und räthselhaftes Verschwinden eines Habsburgers von einem Eingeweihten, Verlag von Friedrichs & Co, Berlin 1891, S. 6

2 Johann Orth der Seefahrer oder Leben, Wirken und räthselhaftes Verschwinden eines Habsburgers von einem Eingeweihten, Verlag von Friedrichs & Co, Berlin 1891, S. 7

3 Christian Dickinger: Habsburgs schwarze Schafe, Piper, München 2005, S. 140

4 http://www.habsburger.net/de/kapitel/ich-bin-ein-habsburger-holt-mich-hier-raus; aufgerufen am 12.12.2012.

5 zitiert aus Friedrich Weissensteiner, Ein Aussteiger aus dem Kaiserhaus: Johann Orth, Österreichischer Bundesverlag, Wien 1985, S. 132

6 Neue Freie Presse, 27. Nov. 1883

7 Hier irrte Erzherzog Albrecht. Johann Strauß war zwar als »Weibervertilger« verschrieen, zu diesem Zeitpunkt aber erst zweimal verheiratet.

8 zitiert aus Friedrich Weissensteiner, Ein Aussteiger aus dem Kaiserhaus: Johann Orth, Österreichischer Bundesverlag, Wien 1985, S. 136

9 Johann Orth der Seefahrer oder Leben, Wirken und räthselhaftes Verschwinden eines Habsburgers von einem Eingeweihten, Verlag von Friedrichs & Co, Berlin 1891, S. 10

10 Militär-Zeitung, 27. September 1887, S. 563

11 zitiert aus Friedrich Weissensteiner, Ein Aussteiger aus dem Kaiserhaus: Johann Orth, Österreichischer Bundesverlag, Wien 1985, S. 195

12 zitiert aus Hans Schaffelhofer: Johann Orth. Im Weltmeer verschollen, Verlag Josef Faber, Wien, Krems/Donau 1952, S. 127 f

13 Neue Freie Presse, Dienstag 22. Oktober, S. 5

14 zitiert aus Hans Schaffelhofer: Johann Orth. Im Weltmeer verschollen, Verlag Josef Faber, Wien, Krems/Donau 1952, S. 149

15 zitiert aus Hans Schaffelhofer: Johann Orth. Im Weltmeer verschollen, Verlag Josef Faber, Wien, Krems/Donau 1952, S. 176

16 zitiert aus Hans Schaffelhofer: Johann Orth. Im Weltmeer verschollen, Verlag Josef Faber, Wien, Krems/Donau 1952, S. 185

17 Neues Wiener Journal, 2. Februar 1930

18 Neues Wiener Tagblatt, 1. Januar 1933

Herr Wölfling und die Damen

1 Leopold Wölfling: Habsburger unter sich. Freimütige Aufzeichnungen eines ehemaligen Erzherzogs, Verlag Goldschmidt-Gabrielli, Berlin-Wilmersdorf 1921, S. 61

2 Leopold Wölfling: Habsburger unter sich. Freimütige Aufzeichnungen eines ehemaligen Erzherzogs, Verlag Goldschmidt-Gabrielli, Berlin-Wilmersdorf 1921, S. 97

3 Leopold Wölfling: Habsburger unter sich. Freimütige Aufzeichnungen eines ehemaligen Erzherzogs, Verlag Goldschmidt-Gabrielli, Berlin-Wilmersdorf 1921, S. 97

4 zitiert nach Friedrich Weissensteiner: Reformer, Republikaner und Rebellen. Das andere Haus Habsburg-Lothringen, Piper, München 1995, S. 284

5 zitiert nach Friedrich Weissensteiner: Reformer, Republikaner und Rebellen. Das andere Haus Habsburg-Lothringen, Piper, München 1995, S. 285

6 Leopold Wölfling: Als ich Erzherzog war. Meine Erinnerungen, Dr. Selle-Eysler, Berlin 1935, S. 153

7 Chiavaccis's Wiener Bilder. Illustriertes Familienblatt, Wien, Donnerstag, 1. Januar 1903

8 Wilhelmine Wölfling Adamovic: Meine Memoiren, Verlagsbuchhandlung Hermann Walther, Berlin 1908, S. 16 f

9 Leopold Wölfling: Als ich Erzherzog war. Meine Erinnerungen, Dr. Selle-Eysler, Berlin 1935 S. 153 f

10 Wilhelmine Wölfling Adamovic: Meine Memoiren, Verlagsbuchhandlung Hermann Walther, Berlin 1908, S. 47

11 Chiavaccis's Wiener Bilder. Illustriertes Familienblatt, Wien, Donnerstag, 1. Januar 1903

12 zitiert nach Friedrich Weissensteiner: Die anderen Habsburger, Piper, München 1995, S. 287

13 Leopold Wölfling: Habsburger unter sich. Freimütige Aufzeichnungen eines ehemaligen Erzherzogs, Verlag Goldschmidt-Gabrielli, Berlin-Wilmersdorf 1921, S. 176

14 Leopold Wölfling: Habsburger unter sich. Freimütige Aufzeichnungen eines ehemaligen Erzherzogs, Verlag Goldschmidt-Gabrielli, Berlin-Wilmersdorf 1921, S. 177

15 Leopold Wölfling: Als ich Erzherzog war. Meine Erinnerungen, Dr. Selle-Eysler, Berlin 1935, S. 156

16 Berliner Tagblatt, 8. März 1908

17 Wilhelmine Wölfling Adamovic: Meine Memoiren, Verlagsbuchhandlung Hermann Walther, Berlin 1908, S. 214 f

18 zitiert nach Friedrich Weissensteiner: Die anderen Habsburger, Piper, München 1995, S. 291

19 Gabriele Praschl-Bichler: »Gott gebe, daß das Glück andauere«. Liebesgeschichten und Heiratssachen im Hause Habsburg, Amalthea Wien, München 1997, S. 202

20 Leopold Wölfling: Als ich Erzherzog war. Meine Erinnerungen, Dr. Selle-Eysler, Berlin 1935, S. 185

21 zitiert nach Carl-Peter Steinmann: Von Karl May zu Helmut Newton. Spurensuche in Berlin, Transit Buchverlag, Berlin (Abdruck Berliner Morgenpost, 14. Oktober 2006)

22 Leopold Wölfling: Als ich Erzherzog war. Meine Erinnerungen, Dr. Selle-Eysler, Berlin 1935, S. 190